倒産法からみる

須藤 英章 監修

東京富士法律事務所 編著

経営危機における

企業判断と

実務対応

清文社

はしがき

　新型コロナウイルスや自然災害、取引先の倒産、売上の低迷、その他さまざまな要因により、経営状態が悪化している企業も多い。

　このような企業の経営者は、資金繰りが維持できている間に、現在の自社の状況を冷静に分析し、今後事業を継続していくことができるのか、事業を継続するためには、何を、いつ、どうすればよいのかを判断しなければならない。そして、適切な判断をするためには、法制度を含めた事業継続に関わる基礎的な知識が不可欠である。

　本書は、このような企業経営者に対して、法制度を含めた事業継続に関わる基礎知識を提供することを意図して執筆したものである。

　ただし、本書は企業経営者のみを対象としているわけではない。

　企業経営者をサポートする経理担当者や法務担当者、顧問税理士や中小企業診断士等にも是非お読みいただきたい。

　苦境に陥った企業の経営者は、悩みを一人で抱え込みがちである。そして、誤った判断をしてますます企業を苦境に陥らせてしまうことがよくある。

　中小企業の経営者の一番身近な相談相手は、顧問税理士であることが多いだろう。顧問税理士から企業経営者に対し、法制度を含めた事業継続に関わる基礎知識をもとにした適切なアドバイスをしていただきたい。

　本書は次のように構成されている。

　「第1章　事業継続の可否の見極め」では、資金繰り改善策の検討、休業・廃業の判断、事業譲渡による事業の継続、私的整理及び法的整理による事業継続の判断について説明している。

　「第2章　事業継続のための従業員対応」では、事業を継続するための雇用調整・人員整理の各種方法について説明している。

　「第3章　M&Aによる事業継続」では、自力での事業継続が困難である場合に、M&Aによって第三者に対して株式あるいは事業を譲渡することにより、第三者のもとで事業を継続する方法について説明している。

「第4章　中小企業再生支援協議会手続による事業継続及び債務整理」では、中小企業再生支援協議会のサポートを受けて事業を継続する方法及び過剰債務を整理する方法について説明している。

　「第5章　民事再生手続による事業継続及び債務整理」では、金融機関のみを対象とした私的整理手続では事業の継続が困難な場合に、民事再生手続を利用して事業を継続する方法及び過剰債務を整理する方法について説明している。

　「第6章　廃業」では、廃業する場合の私的整理及び法的整理の手続について説明している。

　「第7章　保証人の債務整理」では、企業が金融機関から借入をする際に保証人となった企業経営者の保証債務の整理方法について説明している。

　「【EXTRA】各種場面における賃貸借契約の取扱い」では、法的整理手続における賃貸借契約の取扱いのほか、平成29年民法改正を踏まえた賃貸借契約の取扱い全般について説明している。

　本書を第1章から順に読み進めていただく必要はない。読者の関心のある章、必要な章からお読みいただきたい。

　最後に、株式会社清文社の中村麻美氏には、本書執筆の機会を与えていただくとともに、企画段階から本書が完成するまで、実にきめ細かなご配慮をいただいた。紙上をお借りして、中村氏に深く感謝申し上げる。また、本書の企画・編集の中心になってくれた同僚の権田修一弁護士にも感謝申し上げる。

　令和4年3月

監修
弁護士　須藤　英章

目　次

第 1 章　事業継続の可否の見極め

第 2 章　事業継続のための従業員対応

第3章　M&Aによる事業継続

第6章　廃業

┌─ 凡例 ─────────────────────────────────┐

・会　　　　　　　　会社法
・破　　　　　　　　破産法
・民再　　　　　　　民事再生法
・民再規　　　　　　民事再生法施行規則
・会更　　　　　　　会社更生法
・民　　　　　　　　民法
・法法　　　　　　　法人税法
・法令　　　　　　　法人税法施行令
・労働者派遣法　　　労働者派遣事業の適正な運営の確保及び派遣労働
　　　　　　　　　　者の保護等に関する法律
・男女雇用機会均等法　雇用の分野における男女の均等な機会及び待遇の
　　　　　　　　　　確保等に関する法律
・育児介護休業法　　育児休業、介護休業等育児又は家族介護を行う労
　　　　　　　　　　働者の福祉に関する法律
・サブリース規制法　賃貸住宅の管理業務等の適正化に関する法律
・基本要領　　　　　中小企業再生支援協議会事業実施基本要領

└────────────────────────────────────┘

＊本書は、令和4年3月1日現在の法令等によっています。

第 1 章

事業継続の
可否の見極め

第 1 節

資金繰り表の作成・確認

① 資金繰り表の作成

　会社が事業を営む上で、資金はよく血液や空気に例えられ、資金の流れが止まってしまうと会社は生命活動を停止し、死亡＝倒産することになる。

　資金とは、現預金や上場会社の有価証券など、すぐに債務の支払いに充てることができるものを指し、売掛金や貸付金、不動産などすぐに債務の支払いに充てることができないものは含まれない。

　資金繰りとは、将来の会社の収入と支出の見込みを予測することで、将来のある時点の資金の残高がどれくらいあるかを予測し、資金の流れを管理することである[1]。

　資金の流れが止まって、買掛金等の債務を支払えなくなったり、手形の満期日に決済できずに不渡りになってしまえば、事業活動は重大な影響を受け、最悪の場合、倒産してしまうことになる。

　そのため、法人であるか個人事業主であるかを問わず、資金の流れが止まらないように、資金繰り表を作成し、これを管理することが重要である。平時から、きちんと資金繰り表を作成し、正確な見込み予測をもって日々更新しておくことで、万一、事業再生や倒産手続を選択するような場面となっても、適切な判断を下すことができるし、私的整理や民事再生といった手続に入っても、正確な予測が立てられるのである。

---

[1]　資金繰りと似て非なるものに、キャッシュ・フローがある。キャッシュ・フローは、字義通りに解せば、現預金（キャッシュ）の流れ（フロー）ということになるが、キャッシュ・フロー計算書は、通常、「営業活動によるキャッシュ・フロー」、「投資活動によるキャッシュ・フロー」、「財務活動によるキャッシュ・フロー」の３つの現預金の増減項目に分けられ、過去１年間のそれぞれの現預金の増減バランスを把握するためのものであり、将来の収入、支出及び資金の残高の見込み予測をする資金繰り表とは目的が全く異なるものである。

❷ 資金繰り表の確認

　経営者は、単に資金繰り表を作成すればよいというわけではなく、定期的に正確な見込み予測を資金繰り表に反映させて、資金繰り表を最新の情報に更新していくことが肝要である。

　また、定期的に資金繰り表の内容を確認し、将来、資金繰りがショートしないかどうか、資金繰りがショートすることが予想されれば、金融機関からの借入れや自己又は他人資本を注入し、資金繰りがショートしないように適切にフォローしていく必要がある。

　資金繰り表の種類としては、月ごとの事業による収支や資金の残高が一目でわかるように、6か月ないし12か月単位で作成するもの（**図表1−1**）と、1日ごとの入出金の見込み予測を記入して、その日の資金の残高がいくらあるかを把握するために作成する日繰り表（**図表1−2**）がある。

　通常は、前者の月ごとの資金繰り表で資金の動きを管理すれば足りるが、資金繰りが苦しい状況などでは、後者の日繰り表を作成して、資金繰りがショートしないか確認する必要がある。また、日繰り表で毎日の収支をチェックすることで、収支のどの部分に問題があるのかを確認することもできる。

図表 1-1　資金繰り表のイメージ

（単位：千円）

区分		実績予想	1か月 4月	2か月 5月	3か月 6月	4か月 7月	5か月 8月	6か月 9月
前月繰越金			5,560	6,220	5,480	6,470	6,970	6,440
現金収入	営業収入	現金売上	500	300	350	400	380	350
		売掛金回収	3,600	2,000	2,800	4,500	3,500	3,200
		手形入金	0	2,000	0	0	1,000	0
		計	4,100	4,300	3,150	4,900	4,880	3,550
	合　計		4,100	4,300	3,150	4,900	4,880	3,550
現金支出	営業支出	買掛金支払	1,200	2,800	1,000	2,000	1,500	1,400
		役員報酬	450	450	900	450	450	450
		人件費	900	900	2,700	900	900	900
		家賃	500	500	500	500	500	500
		通信費	80	80	80	80	80	80
		水道光熱費	50	50	50	60	70	60
		諸経費	80	80	100	80	80	80
		計	3,260	4,860	5,330	4,070	3,580	3,470
	支払利息		30	30	30	30	30	30
	設備支出		0	0	0	0	1,500	0
	合　計		3,290	4,890	5,360	4,100	5,110	3,500
収　支			810	−590	−2,210	800	−230	50
財務支出	借入金入金		0	0	3,000	0	0	0
	借入金返済		150	150	300	300	300	300
	自己資金		0	0	500	0	0	0
翌月繰越金			6,220	5,480	6,470	6,970	6,440	6,190

図表1-2　日繰り表のイメージ

		入金	出金	残高	相手先	摘要
202X/10/1	金	500,000		5,500,000	A社	売掛入金
202X/10/2	土			5,500,000		
202X/10/3	日			5,500,000		
202X/10/4	月	300,000		5,800,000	B社	売掛入金
202X/10/5	火			5,800,000		
202X/10/6	水	700,000		6,500,000	C社	売掛入金
202X/10/7	木			6,500,000		
202X/10/8	金	250,000		6,750,000	D社	売掛入金
202X/10/9	土			6,750,000		
202X/10/10	日			6,750,000		
202X/10/11	月		400,000	6,350,000	X社	買掛支払
202X/10/12	火		700,000	5,650,000	Y社	買掛支払
202X/10/13	水	750,000		6,400,000	E社	売掛入金
202X/10/14	木			6,400,000		
202X/10/15	金		1,000,000	5,400,000		買掛支払
202X/10/16	土			5,400,000		
202X/10/17	日			5,400,000		
202X/10/18	月	1,200,000		6,600,000		売掛入金
202X/10/19	火			6,600,000		
202X/10/20	水		250,000	6,350,000	税務署	源泉税、住民税
202X/10/21	木		100,000	6,250,000	○○電力等	水道光熱費
202X/10/22	金	400,000		6,650,000	F社	売掛入金
202X/10/23	土			6,650,000		
202X/10/24	日			6,650,000		
202X/10/25	月		3,500,000	3,150,000	給与	
202X/10/26	火			3,150,000		
202X/10/27	水	800,000		3,950,000	G社	売掛入金
202X/10/28	木			3,950,000		売掛入金
202X/10/29	金		500,000	3,450,000	△△銀行	約定弁済
202X/10/30	土			3,450,000		
202X/10/31	日			3,450,000		

資金繰り改善策の検討

❶ 経費削減

　資金繰りを改善するためには、まず、収支の支出の部分を見直して、資金の流出を防ぐ必要がある。

(1)　人件費の見直し

　人件費とは、事業運営に掛かる経費のうち、従業員の労働に対して支払われる給与や各種手当（賞与や退職金なども含む）のことを指す。また、社会保険料や労働保険料のうち企業が負担すべき法定福利費なども人件費に含まれる[2]。

　経費の中でも人件費の占める割合は高くなることが多いため、人件費を削減することで収支のバランスが大幅に改善される場合がある。

　もっとも、不用意に人件費を削減すると、事業自体がまわらなくなってしまったり、従業員から不満が出てモチベーションの低下につながり、労働問題にまで発展するリスクがある。そのため、適切に事業がまわるために必要な労働力を正確に見極めて人件費を削減する必要があるし、削減の方法も慎重を期して行わなければならない[3]。

---

[2]　人件費の中でも「労務費」は、製造部門の従業員に支払う賃金・給料などで、製品の製造に欠かせないコストのことを指す。そのため、通常の人件費が販売費・一般管理費に含まれるのに対し、労務費は製造原価に含まれる。製造業の場合に労務費を不用意に削減すると、大事な製品の品質や生産体制に影響が生じることになるため、注意が必要である。

[3]　場合によっては、社会保険労務士や弁護士と相談しながら進めていくことも必要となる。

⑵　固定費の見直し

　事務所や工場、倉庫の賃料、水道光熱費、固定資産税などの固定費も、毎月一定額のランニングコストとなるため、これを削減することができれば、収支の改善につながる。

　下記⑶事業の整理・縮小にも関連するが、企業においては、生産・販売が下方傾向気味になっているにもかかわらず、ピーク時のままの生産・販売体制のままである場合も多い。

　その場合は早期に工場や店舗を統廃合し、不必要な固定費の削減に努める必要がある。工場や店舗を統廃合する際には、撤退コストの負担が大きく、これが経営者の判断を躊躇させている要因となっている場合があるが、長期的な視野で見れば一時的な撤退費用を支払ってでも、将来の固定費を削減したほうが資金繰り改善につながることも多いから、十分にシミュレーションをするなどして検討すべきである。

⑶　事業の整理・縮小

　複数の事業を展開している企業において、不採算部門の事業がある場合には、思い切って不採算部門から撤退する、あるいは譲渡可能な事業であれば事業を譲渡することで、不必要な支出を削減し、収支の改善につなげることが考えられる。

❷ 売上げの改善

⑴　調達価格の見直し

　「売上高－売上原価＝売上総利益」という関係にあるから、製造業や飲食業、流通業の場合には、商品の原価や仕入れ価格を見直すことで売上原価を削減し、売上総利益を増やすことが売上げの改善に直結する。

　過去のしがらみやこれまでの取引関係から、特定の業者だけから原材料や商品を購入してコスト高となっている場合も多くあるため、そのような場合には複数の業者に相見積りを出させて、最も有利な条件の業者との取

引に変更することも考えられる（もっとも、金額の面だけでなく品質やアフターサポートの面なども含めて総合的に判断する必要がある）。

(2)　生産体制の見直し

　売上高を増やすためには、生産体制を見直して増産したり、より多くの商品を仕入れて販売することも検討される。

　しかし、増産するためには新たな設備投資をしたり、生産に従事する従業員を雇い入れるなどのコストが掛かる上に、販売予測を見誤ると、直ちに不採算の工場・店舗になりかねない。また、売れ残った商品は在庫商品となり、余計な保管コストなどが掛かる上に、長期間保管できない食品などは廃棄せざるを得ず、支払った調達コストが無駄になってしまう。

　そのため、生産体制を見直して増産したり、仕入れを増やす際には、市場の動向を見極めて慎重に検討する必要がある。

(3)　価格の最適化

　自社の商品の販売価格やサービスの提供価格の最適な価格を導き出して、現在の価格がそれよりも安いのであれば、最適な価格まで値上げし、現在の価格がそれよりも高いのであれば、最適な価格まで値下げすることで、売上高を増やすことが可能となる。

　ただし、市場の動向を見極めて価格を決定しないと、市場のニーズと乖離した価格となり、売上げの減少につながりかねない。また、急激な値上げや値下げは、消費者の不信感につながるので、慎重に判断する必要がある。

❸ 借入れによる資金の調達

　これまで述べてきたように、資金繰りを改善するためには、経費を削減し、売上げを上げることで収支を改善することが重要である。

　しかし、当月の従業員の給与が支払えない、あるいは取引先への買掛金が支払えないといった切迫した状況では、収支を改善していたのでは到底

間に合わない。また、事業を拡大するにしても、一定額のまとまった資金がないと設備投資をすることもままならない。

　このような場合には、金融機関等から借入れをすることで外部資本を取り入れ、一次的に資金を調達することも検討すべきである。

　もっとも、一次的に資金が潤沢になるとはいえ、あくまでも返済を前提とした外部資本であり、さらに利息の支払いという新たなコスト増にもなるため、借入れをする際には、返済見込みや返済スケジュール、借入額や利率などを十分に検討する必要がある[4]。

4　企業によっては、新株を発行することで外部資本を取り入れることも可能であり、その場合は外部資本であっても返済の必要がないため、積極的に検討すべき資金調達手段である。

休業・廃業の判断

① 休業の判断・時期・期間

(1) 総論

　休業とは、事業をいったん休むことであり、営業の反対概念に相当する。休業に至る理由としては、内部的要因と外部的要因の２つがある。

　内部的要因としては、資金繰りが行き詰まる前にいったん事業を停止し、資金ショートを回避したり、損失を少なくするために休業する場合や、中小企業や個人事業主の場合には経営者本人が事業の要になることから、経営者の病気や事故などにより休業せざるを得ない場合などがある。

　他方、外部的要因としては、行政上の違反行為等によって一定期間事業に必要な許認可が取り消されたり、天災や大規模な事故等により、休業を余儀なくされる場合などがある。近時も、新型コロナウイルスの蔓延とそれに伴う緊急事態宣言等の発令により、飲食業や観光業は深刻な影響を受け、多くの企業や個人事業主が休業や廃業に追い込まれたことは記憶に新しい。

(2) 休業の判断・時期・期間

　休業をどのタイミングでするか、どの程度の期間休業するかは、当該事業の業種・業態、規模、休業することになった理由、社会情勢、休業に対する国や地方自治体からの補償・給付金の有無などによって千差万別である。

　ただ、共通しているのは、経営者としては、刻々と変化する社会情勢を見極めながら、休業をすることで当該事業に与えるダメージや労働者に与える影響を予測し、適切な時期に、適切な期間休業することを意識しておくべきである。

これとは別に、廃業の前段階として休業し、事業を停止する場合もあるが、この場合でも、休業することで事業の毀損のスピードは一気に速まることから、廃業の方法の如何にかかわらず、事業価値を保全するため、適切な時期に休業することが肝要である。

② 廃業の判断・時期

　廃業とは、事業を終了することである。

　廃業の方法には、資産超過の場合の方法として、解散・通常清算手続がある。

　また、債務超過の場合の方法として、破産や特別清算手続といった法的整理手続、特定調停や中小企業再生支援協議会の廃業支援等の私的整理手続などがあげられる。

　さらに、事業を別法人に承継する方法（事業譲渡や会社分割）も、事業自体は別法人において存続することになるが、譲渡会社としては事業を終了することになるので、廃業の方法の一つとしてあげられる。

　詳しくは、「**第6章　廃業**」において解説するが、当該企業の置かれた状況や財務状態に応じて、どのような廃業の方法をとるべきかを選択することになる。

　廃業の判断・時期も、休業の判断・時期において述べた考慮要素を検討して適切な時期に行う必要があるが、いったん廃業をすればもはや後戻りはできないから、より慎重に検討すべきことになる。

　また、適切な時期に廃業することで、事業価値の毀損を最小限に抑え、事業を別法人に承継させる場合には、事業の対価を最大限確保することができる。加えて、事業価値の毀損を最小限に抑えれば、残余財産や弁済の原資も確保することができるので、その他の廃業手続にも有益である。

　図表1−3のような資金繰りの会社があったとすると、⑤の時点の現預金残高が1,500万円と最大になることから、この時点で廃業し、自己破産の申立てや民事再生の申立てをすれば、債権者への配当や弁済額が最大

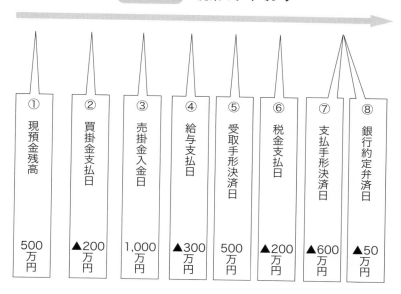

図表 1-3　廃業のタイミング

① 現預金残高	② 買掛金支払日	③ 売掛金入金日	④ 給与支払日	⑤ 受取手形決済日	⑥ 税金支払日	⑦ 支払手形決済日	⑧ 銀行約定弁済日
500万円	▲200万円	1,000万円	▲300万円	500万円	▲200万円	▲600万円	▲50万円

になる。他方で、⑧の時点まで廃業が遅れれば、現預金残高は650万円まで低下し、その分配当や弁済額も少なくなってしまう。

第**4**節

事業の譲渡

❶ 事業の譲渡による事業継続の判断

(1) 総論

　前述したとおり、事業を別法人に承継する事業の譲渡は、譲渡会社にとっては当該事業の廃業ということになるが、事業自体は別法人において存続することになるので、事業継続の一つの方法である。

(2) 平時における事業の譲渡

　平時においては、M&Aを活用して事業の譲渡をすることになる。事業の譲渡方法も、株式譲渡、事業譲渡、会社分割、合併、株式交換など多岐にわたる。

　M&Aの手法や一般的な手続の流れなどは、「**第4章　M&Aによる事業継続**」の記述に譲る。

(3) 窮境に陥った状況での事業の譲渡

　窮境に陥った状況では、平時における事業の譲渡と同様に、M&Aにより事業を譲渡して廃業する場合のほか、私的整理手続や法的整理手続において、事業譲渡や会社分割を組み合わせて利用する場合も多い。

　特に、事業の再建手続においては、債権者の同意を得て、第二会社方式によってGOOD事業とBAD事業とを切り分けて事業の継続を図る場合が多い[5]。第二会社方式とは、事業譲渡や会社分割の方法によって、収益性が見込まれて再建の対象とすべき事業（GOOD事業）と、収益性が見込

5　私的整理手続や民事再生手続において利用される場合が多い。

	事業譲渡	会社分割
法的性格	取引行為	会社の組織上の行為
資産・債権債務の移転態様	別途合意することで個別の資産・債権債務が移転	包括承継
決定主体と決議方法	株主総会による特別決議（事業の全部ないし重要な一部の譲渡）	株主総会による特別決議
譲渡対価	原則金銭交付	原則株式での交付、金銭交付も可能
債務の承認	債権者の個別の承諾が必要	債権者の個別の承諾は不要
労働契約	当然には承継されない	譲受会社に承継される
債権者保護手続	不要	必要
許認可	承継されない	承継会社に承継される場合がある

図表 1-5　第二会社方式のイメージ

まれず再建の対象から外れる事業（BAD事業）とを切り離し、BAD事業のほうを、特別清算や破産手続といった清算手続で処理するというスキームである。

　第二会社方式を用いずに、事業が窮境に陥った状態で安易に事業譲渡や会社分割を行うと、通常は債権者の承諾を得ずに行われる場合が多いことから、後日債権者から、詐害行為であるとして取消しを請求されるリスクがある。また、GOOD事業を譲渡した後の譲渡会社を破産手続で処理するような場合には、破産管財人から否認されるリスクも生じる。

　このようなリスクが顕在化しないように、事業を譲り受けた会社も従前の債務を「重畳的債務引受」したり、譲渡した事業に見合う譲渡対価となっているかなどを慎重に検討する必要がある。

私的整理による事業継続の判断

① 事業の継続可能性

　私的整理手続には、①裁判外紛争解決手続法（ADR 法）及び産業競争力強化法に基づく事業再生 ADR 手続、②産業競争力強化法に基づく中小企業再生支援協議会の中小企業再生手続、③特定調停法に基づく特定調停手続及び④純粋な私的整理手続などがある。

　私的整理手続は、一般的に金融債権者（対象債権者）全員の同意を得て、対象債権者の債権をカットしたり、長期のリスケジュールを認めてもらうなどの金融支援を受ける手続である。

　そのため、対象債権者に対する債務については、私的整理手続が開始されれば一時的に支払いの猶予を受けられることになる。しかし、課税庁や取引先などは対象債権者に含まれないため、税金の滞納処分を受けたり、買掛金の不払いを理由に取引先から取引を拒絶されたりしてしまうと、途端に事業の継続が困難となり、私的整理手続もとん挫してしまう。

　また、当該企業が金融支援を受けて自主的に事業を再建する自主再建型にしても、金融支援＋スポンサーからの資金援助をもって事業を再建するスポンサー型にしても、事業自体に収益性があり、再建の見込みがなければならない。

② 清算価値保障原則

　対象債権者が債務者企業に対して金融支援を行う時点で、再生計画案に基づく対象債権者への弁済額が、債務者企業が破産等で清算した場合の対象債権者への配当額を上回っていなければならないという原則を、清算価

値保障原則という。

　清算価値保障原則は、法律によって手続が細かく規定されている事業再生 ADR 手続や中小企業再生支援協議会の中小企業再生手続[6] の場合は当然要求されている。そればかりでなく、特定調停手続や純粋な私的整理手続の場合でも、明確に清算価値保障原則が要求されているわけではないが、対象債権者は、清算価値保障原則を満たしているかどうか、換言すれば自己破産されるよりも多くの弁済が得られるかどうかを、再生計画案に同意するか否かの考慮要素としている場合が多い。

　したがって、清算価値保障原則は、私的整理手続が成立するかどうかの最低限の基準となっているといえる。

❸ 私的整理手続の選択

　私的整理手続を選択する上では、下記のような事項を確認する必要がある。

①　債務者企業において私的整理手続を遂行・成立させるまでの時間的猶予があること

　前述したとおり、私的整理手続では、原則として対象債権となる金融債権以外は支払いの猶予を受けられない。

　そのため、資金繰り表を確認した結果、近い将来に公租公課の納付期限や取引先の買掛金の支払日が迫っているにもかかわらず、これを支払うだけの資金がないような場合には、新たな追加融資等を注ぎ込まない限り、事業の継続が困難になる。

　そのため、私的整理手続を選択するためには、私的整理手続を遂行・成立させるまでの時間的猶予が確保できなければならない。

6　準則型私的整理手続と呼ばれている。

② **金融債権者の動向から、全員の同意が得られる見込みがあること**

　私的整理手続は、対象債権者である金融債権者全員の同意が得られなければ再生計画案が成立しないため、あらかじめ金融債権者の動向を把握し、強硬に反対する金融債権者がいないかどうかを確認しておく必要がある。

③ **粉飾決算等の背信的行為がないこと**

　債務者企業が粉飾決算等を行い、これを金融債権者に提供していたような場合は、金融債権者から強い不信感が示されることが多い。このような場合には、私的整理手続を行っても全金融債権者の同意が得られず、再生計画案が成立しないおそれが高い。

第 6 節

法的整理による事業継続の判断

① 事業の継続可能性

　法的整理手続としては、破産手続、民事再生手続、会社更生手続、特別清算手続などがあげられる。破産手続と特別清算手続が事業を廃止して清算する手続であり、民事再生手続と会社更生手続が事業を再生して債務者を再建する手続である。

　このように、清算手続である破産手続や特別清算手続の場合は、事業自体の継続を前提としていない手続ではあるが、破産手続や特別清算手続が行われている中で、裁判所の許可を得て事業を譲渡することも可能である。

　他方、再建型の民事再生手続や会社更生手続では、もともと計画案に基づき計画弁済を行うことで事業を自主再建することが想定されてはいるが、手続中に事業を譲渡することで事業を継続するということもよく行われている。

　そして、私的整理手続で述べたように、法的整理手続においても、事業自体に収益性がなく、再建の見込みもなければ、自主再建による事業の継続も、事業譲渡による事業の継続も図ることができない（清算型の場合は、事業譲渡による事業の継続のみが問題となる）。

② 清算価値保障原則

　清算型である破産手続や特別清算手続以外の民事再生手続や会社更生手続は、清算価値保障原則を満たしていなければ、計画案を裁判所が認可しないため、清算価値保障原則を満たしている計画案であることが大前提とされている。

❸ 法的整理手続の選択

　事業の継続という点では、一般的に、私的整理手続による事業の再建のほうが、法的整理手続と比べて事業の毀損が少なくて済むといえるから、まずは私的整理手続の選択を検討すべきである。

　私的整理手続を選択できない場合や、私的整理手続では遅きに失するような場合には、法的整理手続を検討することになる。

　そして、どの法的整理手続を選択するかについては、以下のような事項を確認して、検討すべきことになる。

①　清算型か再建型か

　債務者企業が有する事業に収益性が見込まれるのであれば、再建型や事業の譲渡を前提とした清算型の法的倒産手続を検討する。他方、収益性が見込まれない事業しかないような場合には、財産をすべて換価して債権者に配当する清算型によるほかない。

②　債務者企業の組織や事業規模、財務状況

　会社更生手続や特別清算手続の場合は、債務者企業が株式会社でなければならないから、会社の組織が株式会社ではない会社の場合は、破産手続や民事再生手続を検討することになる。

　また、株式会社の場合でも、事業規模が大きく財務状況もある程度余裕がある場合には会社更生手続を検討することになるが、それ以外の場合には、破産手続か民事再生手続、特別清算手続を選択すべきことになる。

（野中　英匡）

第 2 章

事業継続のための
従業員対応

第 1 節

雇用調整・人員整理の方法概観

　企業の経営状態が悪化した場合、経営者としては、経費を削減して出費を抑えることをまず考えるであろう。

　そして、経費のうち、人件費が大きな割合を占める企業も多い。そのような企業が事業を継続するためには、人件費の抑制に取り組まざるを得ない。

　人件費を抑制するためには、雇用調整・人員整理が必須である。

　雇用調整・人員整理の手法には様々なものがあるが、本章では次の手法について説明する。

---

① 外部労働力の削減
② 一時休業・労働時間の短縮
③ 賃金カット
④ 配転
⑤ 出向
⑥ 転籍
⑦ 希望退職の募集
⑧ 退職勧奨
⑨ 整理解雇
⑩ 雇止め

第 **2** 節

外部労働力の削減

1 請負契約の解除

(1) 解雇規制

企業が直接雇用している従業員を解雇することは、厳しく規制されている。

そのため、雇用調整の方法としては、まずは、企業と直接の雇用関係のない人員を整理することを考えるべきである。

そこで、企業の事業の運営のために外部事業者との間で請負契約をしている場合には、請負契約を解除して、請負代金の額を抑制することを検討する。

(2) 請負契約解除の手順・留意点

民法では、「請負人が仕事を完成しない間は、注文者は、いつでも損害を賠償して契約の解除をすることができる。」(民 641 条) と規定されている。つまり、損害を賠償することを条件にいつでも請負契約を解除できることになっている。

しかし、請負契約のなかに中途解約に関する条項が含まれていることが通常である。そのため、実務的には、請負契約の条項に従って中途解約を行うことになる。

請負契約の内容を確認する際には、

① どのような手順で請負契約の中途解約を行うのか

② 中途解約した場合のそれまでの出来高の算定方法・支払方法

③ 違約金の有無等

に留意する。

請負契約を解除するかどうかは、仕事の完成までの期間や違約金の額を考慮し、請負契約を中途解約するのと、そのまま仕事を完成してもらうのと、どちらのほうがコストを抑えられるかという観点で判断する。

❷ 労働者派遣契約の解除

　次に、労働者派遣契約を解除し、派遣労働者を削除することによって人件費を抑制することを検討する。

　派遣労働者は、派遣会社（派遣元）との間で雇用契約を結んでいる。他方、派遣労働者と派遣労働者の就業先会社（派遣先）との間には雇用関係はない。その代わり、就業先会社（派遣先）が派遣労働者に対し、指揮命令権を有している。

　このように、派遣労働者と就業先会社（派遣先）との間には雇用関係がないとはいえ、実際に就業しているのは就業先会社（派遣先）であるから、労働者派遣契約が中途で解除されると、派遣労働者は就業の機会を失うことになる。

　そのため、労働者派遣法は、就業先会社（派遣先）が、自己の都合で労

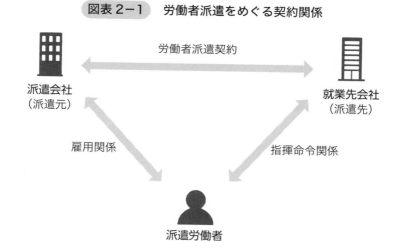

図表 2−1　　労働者派遣をめぐる契約関係

働者派遣契約を解除する場合には、派遣労働者の新たな就業の機会の確保、派遣会社（派遣元）による派遣労働者に対する休業手当等の費用の負担、その他の派遣労働者の雇用の安定を図るために必要な措置を講じなければならないと規定している（労働者派遣法29条の2）。

　したがって、労働者派遣契約を解除するには、関連会社等での雇用確保の努力をしたり、派遣会社（派遣元）に対して休業手当等の費用負担をしたりすることが必要となる。

　労働者派遣契約を解除するかどうかは、これらのコストを負担してもなお、労働者派遣契約を解除したほうが経費の削減に有効であるかという観点で判断する。

一時休業・労働時間の短縮

❶ 一時休業・労働時間の短縮[1]とは

　雇用調整の一つとして、雇用する従業員を減らすのではなく、従業員1人当たりの労働時間数を削減することもある。

　企業が従業員を一定期間継続して、または断続して休業させる一時休業（一時帰休）や、従業員1人当たりの労働時間を短縮し、通常であれば従業員が1人で行う業務を複数で行うワークシェアリングがこれに当たる。

❷ 一時休業・労働時間短縮時の補償の要否

　一時休業（一時帰休）やワークシェアリングを実施している間、企業は従業員に賃金を支払わなければならないのか、支払わなければならないとして、どの程度支払えばよいのか。

　民法536条2項によれば、企業の責めに帰すべき事由によって、従業員が就労できないときは、企業は賃金の支払いを拒むことができない。

　これに対し、民法536条1項によれば、企業と従業員の双方の責めに帰すことのできない事由によって、従業員が就労できないときは、企業は賃金の支払いを拒むことができる。

　ただし、企業と従業員の双方の責めに帰すことのできない事由による場合であっても、企業側の事情（原材料の不足など、企業側の支配領域で生じた事情）によって従業員が就労できないときは、企業は、従業員に対して平均賃金の6割以上の休業手当を支払わなければならない（労働基準法26条）。

1　藤原宇基「コロナ・ショックが労働市場に与える影響と企業が採り得る雇用調整・人員整理の全体像」（『ビジネス法務』（2020年10月号）（中央経済社）59頁）を参考にした。

以上のいずれに該当するかは、個別具体的な事情のもとで判断される。しかし、その判断は容易ではない。

　そのため、一時休業（一時帰休）やワークシェアリングを実施する場合には、企業と従業員・労働組合との合意により、賃金額を決定しておくと良い。

賃金カット

① 賃金カットの合意の取得の必要性

　企業の業績が悪い場合、人件費を抑制するために賃金カット[2]を行いたいと考えることもある。

　賃金は労働契約の内容である労働条件の一つであるが、労働契約法8条は、「労働者及び使用者は、その合意により、労働契約の内容である労働条件を変更することができる。」と規定している。

　つまり、賃金カットを行うには、企業と従業員との合意が必要である。

　さらに、判例は、賃金カットのような従業員に不利益な内容の合意を得るためには、「賃金や退職金に関する労働条件の変更に対する労働者の同意の有無については、当該変更を受け入れる旨の労働者の行為の有無だけでなく、当該変更により労働者にもたらされる不利益の内容及び程度、労働者により当該行為がされるに至った経緯及びその態様、当該行為に先立つ労働者への情報提供又は説明の内容等に照らして、当該行為が労働者の自由な意思に基づいてされたものと認めるに足りる合理的な理由が客観的に存在するか否かという観点からも、判断されるべき」であるとしている（最判平28.2.19民集70巻2号123頁）。

　したがって、賃金カットを実施する際には、従業員に対して不利益な内容等に関する情報を提供し、十分に説明する必要がある。

2　安倍嘉一「在宅勤務、休業補償、人員削減　雇用への影響を踏まえた労務対応」（『新型コロナウイルス影響下の法務対応』（2020年、中央経済社）102-103頁）。

❷ 賃金カットの合意取得の方法

　従業員から賃金カットの合意を取得するには、まず、企業の売上が減少し、経営状況が厳しいため、現在の人件費を維持することができず、賃金カットをせざるを得ないことを説明する。

　賃金カットの提示を受けて、退職を決意する従業員もいるかもしれないが、継続して勤務しようとする従業員は、賃金カットをせざるを得ない理由については理解を示すものと思われる。

　ただし、賃金カットは従業員の生活に直結する問題であるから、賃金カットの内容によっては、合意を得られないこともありうる。

　そのため、賃金カットをする金額をできる限り少なくしたり、段階的に減額したりすることにより、合意を得られるようにすることが考えられる。

　また、賃金カットをする期間を明確に限定し、従業員の不利益の程度を極力少なくすることにより、合意を得られるようにすることが考えられる。

配転

① 配転の意義

配転とは、従業員の配置の変更であり、職務内容または勤務場所が相当長期間にわたって変更されることをいう[3]。

このうち、同一勤務地（事業所）内の勤務箇所（所属部署）の変更が「配置転換」と称され、転居を伴う勤務地の変更が「転勤」と称されることが多い[4]。

業績が悪くなり、人員に余剰が生じている事業所がある一方、人員が不足して、多くの残業代が発生している事業所がある場合には、前者の事業所から後者の事業所に従業員を配転することにより、残業代の発生を抑制し、全社的な人件費の削減を図ることも可能となる。

② 配転命令権の根拠

企業と従業員との間で、配転についての個別の合意がある場合には、それが配転命令権の根拠となる。

個別の合意がない場合でも、就業規則等に「業務の都合により、配転を命ずることができる。」などの包括的な根拠規定があれば、これが配転命令権の根拠となる。

実務的には、就業規則等の包括的な根拠規定に基づいて配転を命じることが通常である。

3 　菅野和夫『労働法〔第 12 版〕』（2019 年、弘文堂）727 頁。
4 　中山達夫「配転・出向・転籍―該当者への丁寧な説明の徹底」（『ビジネス法務』（2020 年 10 月号）（中央経済社）61 頁）。

❸ 配転命令権の限界

(1) 労働契約上の限界

ア 職種の限定の合意

　就業規則に包括的な配転命令権の根拠規定がある場合であっても、従業員との間で、職種を限定する合意をしている場合には、従業員の同意がない限り、合意と異なる職種への配転を命ずることはできない。

　裁判例の中にも、職種が採用時の契約からアナウンサーに限定されていたと認められ、アナウンサー以外の職種への配転命令を拒否できるとしたものがある[5]。

イ 勤務地の限定の合意

　労働契約上、勤務地が特定されている場合には、従業員の同意がない限り、勤務地を変更する配転命令（転勤命令）をすることはできない。

　ただし、労働契約締結時に企業が交付した労働条件通知書等に勤務地に関する労働条件が記載されていたとしても、それだけで勤務地の限定の合意があったとは限らない。求人票に勤務地を限定する記載があったり、従業員に固定された生活の本拠があることが前提となっていたり（主婦のパートタイマーなど）する場合には、勤務地の限定の合意があったと認められやすいが、就業規則等の配転条項の適用があったり、大学卒の正社員等、企業において長期的にキャリアを発展させることが予定されていたりする場合には、勤務地の限定の合意があったと認められないことが多い[6]。

5　日本テレビ放送網事件（東京地決昭 51.7.23 判例時報 820 号 54 頁）。

6　第二東京弁護士会労働問題検討委員会編著『労働事件ハンドブック 2018 年』（2018 年、労働開発研究会）169–170 頁。

⑵　法令上の限界

　就業規則等の規定により、企業に配転命令権が存在する場合でも、次のような法令に違反する配転命令は無効になる[7]。

---

①　労働組合の活動の妨害を目的とする不当労働行為に当たる場合（労働組合法7条1項）
②　思想信条による差別に当たる場合（労働基準法3条）
③　性別による差別に当たる場合（男女雇用機会均等法6条）
④　婚姻、妊娠、出産、労働基準法65条の産前産後の休業を請求・取得したこと等を理由とする場合（男女雇用機会均等法9条3項）
⑤　育児・介護休業をしたことを理由とする場合（育児介護休業法10条、16条）
⑥　公益通報を行ったことを理由とする場合（公益通報者保護法5条）
⑦　その他、配転命令が権利の濫用に当たる場合（労働契約法3条5項）

⑶　配転命令権の濫用

　労働契約上、企業に配転命令権が認められる場合でも、権利濫用に当たる場合には、配転命令は無効となる（労働契約法3条5項）。

　配転命令が権利濫用に当たり、無効となるかどうかは、裁判所が次のような事情を総合的に考慮して判断する[8]。

---

①　業務上の必要性の程度
②　不当な動機・目的の有無
③　人選の合理性
④　従業員が受ける不利益の内容・程度
⑤　配転手続の適正

7　前掲注6・170頁。
8　東京弁護士会労働法制特別委員会編著『新労働事件実務マニュアル〔第5版〕』（2020年、ぎょうせい）139頁。

第 **6** 節

出向

❶ 出向の意義

(1) 出向とは

　出向とは、従業員（労働者）が雇用先の企業（出向元）の従業員としての地位を保持したまま、他の企業（出向先）において相当長期間にわたって当該他の企業の業務に従事することをいう。

　具体的には、出向元と出向先との間で出向契約を締結することにより、従業員が出向元と出向先の両方との間で雇用関係が生じ、従業員が出向先において一定期間継続して勤務することになる。

　出向は、大企業が実施するものと思われがちだが、コロナ禍以降、中小企業でも活用が進みつつある。

(2) 出向のポイント

　出向は、従業員の雇用先との労働契約関係を保持したままであることがポイントである。出向により、出向者には、出向元と出向先の双方との二重の雇用契約関係が生じると解されている。

　そこで、次節で説明する転籍（元の雇用先との雇用契約を終了させて、転籍先との間に新たに雇用契約を成立させるもの）と区別するために「在籍出向」や「在籍型出向」と呼ぶこともある。

❷ 出向の手続

⑴ 従業員の個別的な同意

　民法は、「使用者は、労働者の承諾を得なければ、その権利を第三者に譲り渡すことができない。」（民法625条１項）と規定している。

　したがって、企業が従業員に出向を命じる場合には、「労働者の承諾」（＝従業員の同意）が必要となる。

　そのため、出向の対象となる従業員に対して、出向の必要性や出向期間中の労働条件等について丁寧に説明し、当該従業員から個別的な同意を得るようにする。

　なお、産業雇用安定助成金や雇用調整助成金のような出向に対する助成制度を利用する場合には、出向する従業員本人が出向することについて同意していることが必要である。

図表２－２　　出向をめぐる契約関係

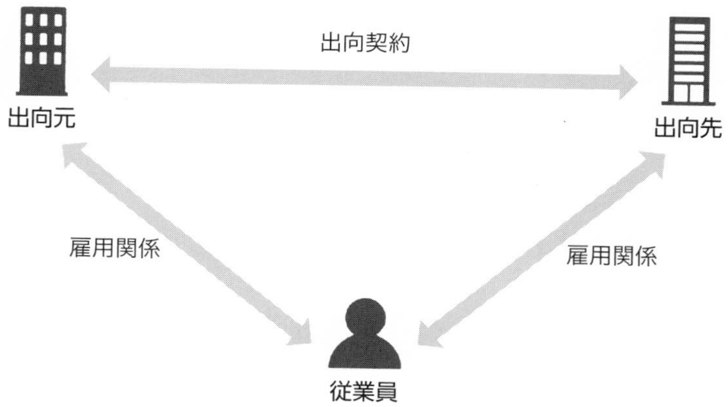

＊厚生労働省『在籍型出向 "基本がわかる" ハンドブック』４頁をもとに作成

(2)　就業規則等に基づく出向命令

　もっとも、民法にいう「労働者の承諾」（＝従業員の同意）は、就業規則等における包括的な出向規定や、採用時等における包括的同意であっても足りるものと解されている。

　最高裁判所も、「労働者の承諾」として、出向命令に対する従業員の個別的な同意までは必要としていない（最判平 15.4.18、新日本製鐵（日鐵運輸第二）事件）。

　したがって、従業員から出向についての個別的な同意が得られない場合でも、就業規則等に基づく出向命令を発令して、従業員を出向させることは可能である。

　しかし、就業規則等があればよい、というものでもない。

　出向を命じるには、出向期間、復帰の仕方、出向中の従業員の労働条件、賃金、退職金、各種の出向手当、昇格・昇給等の査定、その他処遇等に関して、就業規則や労働協約等が、出向する従業員の利益に配慮して整備されている必要があるとされている。

　したがって、就業規則等がそのような内容でない場合には、原則に戻って、従業員から出向についての個別的な同意を得る必要がある。

　なお、厚生労働省が発行している『在籍型出向　“基本がわかる”ハンドブック』（厚生労働省のホームページからダウンロード可能）には、就業規則の出向規程の参考例が記載されている（同書 8 頁）。

(3)　出向契約の締結

　出向の対象となる従業員への説明と並行して、出向元と出向先との間で出向契約の内容を協議し、出向契約を締結する。

　出向契約の内容は様々であるが、前述の『在籍型出向　“基本がわかる”ハンドブック』では、次の事項を定めておくことが考えられるとし（同書 10 頁）、出向契約書の参考例も記載されている（同書 12 頁）。

① 出向期間
② 職務内容、職位、勤務場所
③ 就業時間、休憩時間
④ 休日、休暇
⑤ 出向負担金、通勤手当、時間外手当、その他手当の負担
⑥ 出張旅費
⑦ 社会保険・労働保険
⑧ 福利厚生の取扱い
⑨ 勤務状況の報告
⑩ 人事考課
⑪ 守秘義務
⑫ 損害の賠償
⑬ 途中解約
⑭ その他（特記事項）

❸ 出向中の従業員と企業との関係

(1) 出向中の労働契約関係

　出向者は、出向元企業及び出向先企業双方とそれぞれ労働契約関係にある。

　しかし、同一内容の労働契約関係が併存するものではない。

　契約当事者の権利義務は原則として重複せず、出向元との間、出向先との間に分属するものと考えられている。

　出向元と出向先のどちらが使用者として責任を負うのかについては、次のように考えるのが一般的である。

①　労務提供を受けることを前提とする責任（労働時間、労働安全衛生法、労働者災害補償保険法などに基づく義務）

　　⇒出向先

② 労働契約の存否に関する責任（解雇に関する労働基準法上の義務など）
　　⇒出向元
③ 賃金に関する責任（健康保険、厚生年金、雇用保険の加入責任など）
　　⇒出向契約で定められた賃金の支払主体

⑵　出向中の就業規則の適用

　就業規則は、労働条件を定めるものとして、労働契約の内容となるものである（労働契約法 7 条）。

　通常は、あらかじめ出向元と出向先との間で協議し、両社間で締結される出向契約において、就業規則の適用関係を定めることになる。

　一般的には、労務提供に関する部分は出向先の就業規則が適用され、労務提供の場面とは直接関係のない労働契約上の地位の得喪（とくそう）に関する規定などについては出向元の就業規則が適用される。

❹　出向命令権の限界

⑴　法令上の限界

　就業規則等の規定により、企業に出向命令権が存在する場合でも、次のような法令に違反する出向命令は無効になる。

> ① 労働組合の活動の妨害を目的とする不当労働行為に当たる場合（労働組合法 7 条 1 項）
> ② 思想信条による差別に当たる場合（労働基準法 3 条）
> ③ 性別による差別に当たる場合（男女雇用機会均等法 6 条）
> ④ 婚姻、妊娠、出産、労働基準法 65 条の産前産後の休業を請求・取得したこと等を理由とする場合（男女雇用機会均等法 9 条 3 項）
> ⑤ 育児・介護休業をしたことを理由とする場合（育児介護休業法 10 条、16 条）
> ⑥ 公益通報を行ったことを理由とする場合（公益通報者保護法 5 条）
> ⑦ その他、出向命令が権利の濫用に当たる場合（労働契約法 14 条）

(2)　出向命令権の濫用

　労働契約法 14 条は、「使用者が労働者に出向を命ずることができる場合において、当該出向の命令が、その必要性、対象労働者の選定に係る事情その他の事情に照らして、その権利を濫用したものと認められる場合には、当該命令は、無効とする。」と定めている。

　前述した判例（最判平 15・4・18、新日本製鐵（日鐵運輸第二）事件）は、当該事案の出向命令が権利の濫用に当たるかどうかについて、次の要素を順次判示して判断している。

---

① 　業務上の必要性
② 　人選基準の合理性、具体的な人選の相当性
③ 　労働者の生活関係、労働条件等における不利益の程度
④ 　手続の相当性

　したがって、コロナ禍で、従業員の雇用を維持する目的で出向を命じる場合であっても、上記の要素に照らして権利の濫用であると判断されるときは、出向命令は無効となる。

第7節

転籍

❶ 転籍の意義

（1） 転籍とは

　転籍とは、従業員（労働者）が雇用先の企業から、他の企業へ籍を移して当該他の企業の業務に従事することをいう[9]。「移籍」「移籍出向」「転籍出向」と呼ぶこともある。

（2） 転籍のポイント

　出向が、従業員の雇用先との労働契約関係を保持したままであることがポイントであったのに対し、転籍は、雇用先がその従業員との労働契約関係を終了させて、新たに他の企業との間で労働契約関係を成立させることがポイントである。

❷ 転籍の手続

（1） 転籍の法的手段

　転籍の法的手段としては、

　①　現在の雇用先（転籍元）と従業員との間の労働契約を合意解約するとともに、転籍先と従業員との間で新たな労働契約を締結する方法

　②　現在の雇用先（転籍元）の労働契約上の使用者の地位を転籍先に譲渡する方法とがある。

9　前掲注3・735頁。

(2) 従業員の個別的な同意

　民法は、「使用者は、労働者の承諾を得なければ、その権利を第三者に譲り渡すことができない。」（民625条1項）と規定している。

　したがって、(1)で述べた2つの方法のいずれによる場合であっても、企業が従業員を転籍させる場合には、「労働者の承諾」（＝従業員の同意）が必要となる。

(3) 就業規則等に基づく転籍命令

　出向の場合には、民法にいう「労働者の承諾」（＝従業員の同意）は、就業規則等における包括的な出向規定や、採用時等における包括的同意であっても足りるものと解されている。

　しかし、転籍は、転籍元との労働契約を終了させるだけではなく、転籍先との新たな労働契約を締結するものである。就業規則等で、「転籍を命じることがある」などの包括的規定が定められていたとしても、この規定をもって、転籍先との労働契約の締結について従業員の同意を得ているとは考えにくい。

　やはり、就業規則等の包括規定では足りず、転籍先を明示した上で、従業員から個別に転籍の同意を得る必要がある[10]。

❸ 転籍後の労働関係

　出向と異なり、転籍の場合は、転籍元企業との労働契約関係は終了し、転籍先企業との労働契約関係が開始する。

　したがって、原則として[11]、①労務提供を受けることを前提とする責任（労働時間、労働安全衛生法、労働者災害補償保険法などに基づく義務）も、

10　前掲注3・738頁。
11　ただし、転籍元への復帰が予定され、転籍元が賃金差額を補填し、退職金も転籍元における在籍期間が通算されるような場合には、転籍元も限定的に使用者と解されることもある（前掲注3・742頁。前掲注6・191頁）。

②労働契約の存否に関する責任（解雇に関する労働基準法上の義務など）
も、③賃金に関する責任（健康保険、厚生年金、雇用保険の加入責任など）
も、すべて転籍先企業が使用者としての責任を負う。

❹ 雇用調整のための転籍

　企業が雇用調整の方法として転籍を選択することもある。

　雇用調整のためであるとはいえ、転籍に従業員の個別同意が必要であることに変わりはない。したがって、従業員が転籍を拒否した場合には、その従業員を転籍させることはできない。

　しかし、企業に雇用調整の必要があり、解雇を回避するために転籍させようとしたにもかかわらず、従業員からこれを拒否された場合には、企業としてはその従業員を整理解雇することも可能となる。

　従業員を整理解雇する場合の有効性の判断については、**第10節**で説明する。

希望退職の募集

❶ 希望退職の募集とは

　希望退職の募集とは、企業が従業員の全部または一部に対し、一定の応募資格・退職優遇条件を提示して、自ら退職を希望する従業員を募集する企業の施策である。

　雇用調整の一環として行われることが多いが、従業員は退職を迫られることはなく、自らの判断で希望退職に応じるか否かを判断する[12]。

❷ 希望退職の募集の実施方法

　希望退職者を募集[13] するには、まず、企業が条件や手続を策定し、従業員に対し公表する。

　労働組合があり、労働協約で希望退職者の募集をするときは事前に協議するものとされている場合には、労働組合に対して十分に説明し、協議することにより、希望退職の募集について労働組合の理解を得るようにする。

　希望退職の募集の条件や手続としては、①募集理由、②募集人数、③適用対象者（応募可能な従業員の範囲）、④募集期間、⑤退職条件・優遇措置、⑥適用条件（企業の承諾の要否）などを定める。

　以下、個別に説明する。

12　前掲注 8・299 頁。
13　木村貴弘「希望退職・早期退職・退職勧奨—自社の現状・人員整理後の将来像の説得的な提示が鍵」（『ビジネス法務』（2020 年 10 月号）（中央経済社）66 頁以下）を参考にした。

① 募集理由

　希望退職の募集理由は、企業の置かれている状況により様々なものが考えられるが、いずれにせよ人員を削減する必要性を説明することになる。

　しかし、希望退職の募集をした結果、今後の事業運営に必要不可欠な従業員まで退職してしまったのでは、元も子もない。

　そのため、企業が置かれている状況と、今後どのように事業を運営し、そのためにはどのような従業員が必要であるか（逆に言うと、どのような従業員は余剰と考えているか）を、募集理由として説得的に記載する。

② 募集人数

　募集人数は、自由に定めてよい。

　ただし、退職希望者が募集人数に達しないからといって、従業員に対して希望退職への応募を過度に勧めてはならない。そのようなことをすると、希望退職への応募が無効であるとされたり、過度の勧奨が不法行為に該当するとして損害賠償請求をされたりすることもあるので、留意する。

　募集人数に達しなかった場合には、二次募集をしたり、募集期間を延長したりすることにより、あくまでも従業員の判断で募集人数に達するように努める。

③ 適用対象者（応募可能な従業員の範囲）

　適用対象者を定めるにあたり、法的な制限はない。

　希望退職者を全社的に募集してもよいし、不採算の特定の事業部門や事業所等に限定して募集するなどしてもよい。

④ 募集期間

　募集期間についても、法的な制限はない。

　ただし、募集期間があまりにも短いと、**第10節**で説明する整理解雇の有効性の判断にあたり、解雇回避努力義務を果たしていないと判断される危険性があるので、留意が必要である。

実務的には、募集期間を2〜3週間から1ヶ月程度に設定することが多いようであり、この程度の募集期間を定めておけば無難である。

⑤　退職条件・優遇措置

　退職条件・優遇措置についても、法的な制限はなく、基本的に自由に定めることができる。

　退職条件・優遇措置としては、退職金を加算する措置が一般的である。

　全社一律の条件とすることが多いが、年齢や勤続年数で差を設けたり、人員削減の必要性の高い部署や事業所に所属する従業員について、割増退職金の内容を変えたりすることにより、企業が余剰と考えている人員が希望退職に応じるように仕向けることも許される。

⑥　適用条件（企業の承諾の要否）

　希望退職の募集により、今後の事業運営に必要不可欠な人員が退職してしまうことを防止することは、企業にとって重要なことである。

　そこで、実務的には、退職時の優遇措置の適用を、「会社が承諾した者」に限定することが一般的である。

　すなわち、従業員が希望退職の募集に応じたとしても、企業が承諾しない限り、希望退職に伴う優遇措置の適用を受けることができず、希望退職制度で定められた優遇条件での退職は認められないものとしている。

　希望退職の募集をする際には、「会社が承諾した者」でなければ希望退職に伴う優遇措置は適用されないことを明確に説明する。そして、今後の事業運営に必要不可欠な人員が希望退職に応募してきた場合には、速やかに「承諾しない」と通知する。

退職勧奨

❶ 退職勧奨とは

　退職勧奨とは、企業が従業員に対して辞職を勧める行為、あるいは企業が従業員に対して労働契約の合意解約の申込みをし、その承諾を勧める行為をいう。

　退職勧奨は、**第8節**で説明した希望退職の募集にあたり、希望者が募集人数に達しない場合に、目標退職者数を確保する目的で行われることもある。また、希望退職に応じてもらいたい従業員に対して、退職を促す目的で行われることもある。

　あるいは、退職してもらいたい人数が少ない場合や、今後の事業運営に必要不可欠な従業員が退職することを回避する目的で、あえて希望退職の募集をせずに、多数の従業員に対して退職勧奨をすることもある[14]。

　退職勧奨は、いずれの場合も、従業員との個別面談を通じて行われる。

　退職勧奨にあたっては、退職金の加算などの優遇措置が採られることもある。

❷ 退職勧奨の限界

　退職勧奨は、勧奨を受けた従業員が自らの判断によって退職を決意することを促すものである。退職勧奨に応じるかどうかは、従業員の自由意思に委ねられており、企業が従業員を説得する手段には限界がある。

　退職勧奨が、従業員に不当な心理的圧迫を加えたり、名誉感情を不当に

14　前掲注8・296頁。

害するような言葉を用いたりすることによって、その自由な退職意思の形成を妨げるような態様で行われた場合には、その退職勧奨は、その限度を超えた違法なものとして不法行為を構成すると判示した裁判例もある[15]。

　従業員が退職勧奨に応じない姿勢を示した場合に、再度説得することが全く許されないわけではない。しかし、再度説得しても従業員が退職勧奨に応じない姿勢を明確に示した場合には、退職勧奨は断念したほうがよい。

15　日本アイ・ビー・エム事件（東京地判平 23.12.28 労働経済判例速報 2133 号 3 頁）。

整理解雇

① 整理解雇の意義

　整理解雇とは、企業の経営上の事情により、従業員数を削減する必要性が生じた場合に、従業員を解雇することをいう。

　懲戒解雇等が、もっぱら従業員の事情に起因するのに対し、整理解雇は企業側の経営上の事情に起因することに大きな違いがある。

② 整理解雇の有効性

⑴　解雇権の濫用の禁止

　企業の経営が苦しくなり、従業員を削減することにより人件費を抑制して、経営を立て直したいと考えても、解雇権の濫用（労働契約法 16 条）と判断される場合には、解雇は無効になる。

⑵　整理解雇が有効と認められる基準

　裁判例では、整理解雇の 4 要件（または 4 要素）と呼ばれる基準により、整理解雇の有効性を判断している。

　整理解雇の 4 要件（4 要素）とは、次のようなものである。

---

　①　人員削減の必要性があるか（人員削減の必要性）
　②　解雇を回避する努力を尽くしたか（解雇回避努力義務）
　③　解雇対象者の人選基準とその適用に合理性があるか（人選の合理性）
　④　解雇手続に妥当性があるか（解雇手続の妥当性）

以下、要件（要素）ごとに説明する。

① 人員削減の必要性

人員削減の必要性とは、人員の削減が、不況、経営不振など企業の経営上の十分な必要性に基づいていること、または企業の合理的な運営上やむを得ない措置と認められることをいう[16]。

必要性の程度については、裁判例により多少異なっている。例えば、次のようなものがある[17]。

(ｱ) 解雇を行わなければ企業の維持存続が危殆に瀕する程度に差し迫った必要性を要すると厳格に解するもの[18]

(ｲ) 客観的に高度な経営危機下にあり、解雇による人員の削減が必要やむを得ないことを要求するもの[19]

(ｳ) 企業の合理的運営上やむを得ない必要性があれば足りるとするもの[20]

(ｴ) 生産性の向上、利潤の追求、経営合理化をもって必要性を認めたもの[21]

このように、裁判例によって多少基準が異なっているが、結論としては、大部分の事件では人員削減の必要性が認められている。

② 解雇回避努力義務

解雇回避努力義務とは、企業は、整理解雇に先立ち、極力整理解雇を回避するための努力をしなければならないことをいう[22]。

整理解雇を回避するための努力としては、例えば、役員報酬の減額、広告費・交際費等の経費削減、新規採用の停止、労働時間の短縮、賃金カッ

---

16 前掲注 3・794 頁。
17 前掲注 6・352 頁。前掲注 8・284–285 頁。
18 大村野上事件（長崎地大村支判昭 50.12.24 労働判例 242 号 14 頁）。
19 住友重機玉島製造所事件（岡山地決昭 54.7.31 労働判例 326 号 44 頁）。
20 東洋酸素仮処分事件（東京高判昭和 54.10.29 労働判例 330 号 71 頁）。
21 ゾンネボード製薬事件（東京地八王子支決平 5.2.18 労働判例 627 号 10 頁）。
22 前掲注 8・285 頁。

ト、一時帰休、配転、出向、退職勧奨、希望退職の募集などがあげられる[23]。

　特に、希望退職の募集は、判例上、労働者の意思を尊重しつつ人員整理を図る上で極めて有用な手段であるとされている。

　希望退職の募集をせずに指名解雇した場合には、解雇回避努力義務を尽くしていないと判断されることが多い。

③　人選の合理性

　人選の合理性とは、解雇対象者の選定は、客観的に合理的な選定基準を事前に設定し、公正に行われる必要があることをいう。

　選定基準には様々なものが考えられるが、勤務態度（欠勤日数、遅刻回数、処分歴等）、労務の量的貢献度（勤続年数、休職日数等）、労務の質的貢献度（過去の実績、業務に有益な資格の有無等）などが基準になる[24]。

　また、人選も合理的なものである必要がある。労働組合員を排除したり、性別・国籍・信条・社会的身分などで差別をしたりすることは許されない[25]。

④　解雇手続の妥当性

　企業は、整理解雇に際して、労働者・労働組合に対し、誠実に協議・説明を行う義務を負っている。解雇手続の妥当性とは、企業がこの義務を果たしていることをいう。

　企業は、労働者・労働組合に対し、決算書類等の経理資料を開示して十分に説明し、人員整理の時期、規模、方法等について労働者・労働組合の納得が得られるように努力する必要がある[26]。

　また、退職金の上積みや再就職のあっせんなどの退職条件などについて、誠意をもって協議しなければならない。

23　前掲注6・353頁。
24　前掲注6・354頁。
25　前掲注8・287頁。
26　前掲注8・287頁。

第11節

雇止め

① 雇止め法理

(1) 雇止めとは

雇止めとは、有期労働契約の期間満了にあたり、使用者（企業）が有期労働契約の更新を拒否することである。

人件費を抑制したい場合、期間の満了した有期労働者の契約を更新しないことにより、人員を整理することが考えられる。

(2) 雇止め法理

民法の契約理論では、期間の定めのある契約は、期間満了をもって終了することが原則である。

しかし、有期労働契約は労働者の生活に直結するものである。民法の原則どおり、期間が満了すれば無制限に雇止めが認められるとすると、有期労働者の地位が著しく不安定となる。

そのため、判例上、雇止めを制限する判断が積み重ねられ、「雇止め法理」と呼ばれている。

現在では、「雇止め法理」が労働契約法19条により明文化されている。

すなわち、労働契約法19条は、①有期労働契約であって、同条1号または2号のいずれかに該当する場合であって、②契約期間が満了する日までの間に労働者が当該有期労働契約の更新の申込みをした場合、③または、当該契約期間の満了後遅滞なく有期労働契約の締結の申込みをした場合であって、④使用者が当該申込みを拒絶することが、客観的に合理的な理由を欠き、社会通念上相当であると認められないときは、⑤使用者は、従前の有期労働契約の内容である労働条件と同一の労働条件で当該申込み

を承諾したものとみなす、と規定している。

そして、労働契約法 19 条 1 号に該当する場合とは、①当該有期労働契約が過去に反復して更新されたことがあるものであって、②その契約期間満了時に、当該有期労働契約を更新しないことが、期間の定めのない労働契約を締結している労働者（正社員）を解雇することと社会通念上同視できると認められる場合である。

また、同条 2 号に該当する場合とは、当該労働者において、有期労働契約の契約期間満了時に、当該有期労働契約が更新されるものと期待することについて合理的な理由があると認められる場合である。

② 人員整理のための雇止め

労働契約法 19 条 1 号または 2 号に該当する場合、使用者（企業）が有期労働契約の締結の申込みを拒絶する（雇止めをする）には、雇止めをすることにつき、客観的に合理的な理由があり、社会通念上相当であると認められる必要がある。

人員整理のために雇止めをする場合も同様である。具体的には、本章第 10 節で説明した整理解雇の 4 要件（4 要素）に照らして、雇止めが認められるか否かが判断される[27]。

③ 雇止めの手続

厚生労働省が定めている「有期労働契約の締結、更新及び雇止めに関する基準」（平成 15 年厚生労働省告示第 357 号）は、雇止めの手続に関し、次のように定めている。

雇止めをする際には、この手続を守る必要がある。

27　石井拓士「雇止め―「不更新合意」の効力をめぐる近時判例の考え方」（『ビジネス法務』（2020 年 10 月号）（中央経済社）73 頁）。

⑴　雇止めの予告

　使用者（企業）は有期労働契約（雇入れの日から起算して1年を超えて継続勤務している者に係るものに限り、あらかじめ当該契約を更新しない旨明示されているものを除く）を更新しないこととしようとする場合には、少なくとも当該契約の期間の満了する日の30日前までに、その予告をしなければならない（同告示2条）。

⑵　雇止めの理由の明示

　雇止めの予告をした場合において、使用者（企業）は、労働者が更新しないこととする理由について証明書を請求したときは、遅滞なくこれを交付しなければならない（同告示3条1項）。

　また、有期労働契約が更新されなかった場合において、使用者（企業）は、労働者が更新しなかった理由について証明書を請求したときは、遅滞なくこれを交付しなければならない（同告示3条2項）。

❹　有期労働契約の期間途中の解雇

　以上の説明は、あくまでも有期労働契約の期間満了にあたって、契約を更新しない場合にあてはまるものである。

　労働契約法は、有期労働契約については、やむを得ない事由がある場合でなければ、その契約期間が満了するまでの間において、労働者を解雇することができないと規定している（労働契約法17条1項）。

　そして、「やむを得ない事由」の範囲は、期間の定めのない労働契約における解雇について、解雇権濫用法理により有効とされる範囲よりも狭いと理解されている。

　つまり、正社員を解雇するよりも、有期労働契約の従業員を期間途中で解雇するほうが、法的に困難であることに留意が必要である[28]。

（権田　修一）

28　前掲注27・72頁。

第 3 章

M&Aによる
事業継続

M&A の手法概観

　M&A とは、合併（Merger）と買収（Acquisition）の頭文字をとったもので、対象事業を譲渡するというものである。

　そして、M&A による事業継続とは、言葉を変えれば、自主再建による事業継続ではなく、第三者のスポンサーによる事業継続ということである。

　この場合の M&A の手法としては、株式譲渡、事業譲渡、会社分割、合併、株式交換、株式交付がある。

1 株式譲渡

　株式譲渡とは、対象会社の株主からその保有する対象会社株式の全部又は一部（本書では、一部ではなく全部の株式を想定する）を買主に譲渡する取引行為であり、その結果、買主は対象会社の支配権を取得する。

　株式譲渡の手法は、事業継続の場合において、手続が簡易であるという点により、最も多く利用される手法の一つである。

　株式譲渡の手続としては、対象会社の株式が譲渡制限株式の場合には（一般的に、中小企業の事業継続は、この場合が多いと思われる）、対象会社が株券発行会社であれば、当該株券の交付を受ける必要がある（会社法 128条 1 項）。対象会社が株券発行会社でない場合で振替制度の適用がないときは、株式譲渡の効力は合意により生じる。上場会社ではない中小企業の場合、上記 2 つのうち、いずれかであると思われる。

株式譲渡のメリット・デメリットは、次のとおりである[1]。

(1) メリット

① 手続が簡易である

株式譲渡契約を締結して実行すれば足り、他の手法と比較して手続が一番簡易である。

なお、対象会社の株式が譲渡制限株式である場合には、対象会社の株主総会または取締役会の承認を得る必要がある（会社法 139 条 1 項）。

② 株主は、直接対価を得ることができる

株式譲渡により、対象会社ではなく、株主が直接対価を得ることができる。

③ 対象会社への影響が少ない

単に対象会社の株主が移転するだけなので、対象会社への影響が少ない。

(2) デメリット

① 株式を全部譲渡する必要がある

買主としては、100％の株主になることを要求するのが通常であるから、株式を全部譲渡する必要がある。

② 簿外債務や偶発債務が承継される

会社全体が譲渡の対象となることから、対象会社の簿外債務や偶発債務も買主に承継されることとなり、その分対価が低くなる可能性がある。

③ 株式譲渡後も、売主は、一定の責任を負担する

売主である株主は、株式譲渡後も、株式譲渡契約上の表明保証に基づく損害賠償責任など一定の責任を負担することになる。

---

1 以下各手法のメリット・デメリットについては、第二東京弁護士会事業承継研究会編『一問一答 事業承継の法務』（経済法令研究会、2010 年）348-357 頁を参照した。

❷ 事業譲渡

　事業譲渡とは、譲渡会社が事業の全部又は一部（本書では、一部ではなく全部の事業を想定する）を譲受会社に譲渡する行為である。

　後述する会社分割、合併、株式交換といった組織法上の行為では、事業を構成する資産や負債などは個別の移転手続を負うことなく包括的に承継される。

　これに対して、事業譲渡では、契約という取引行為によって、資産や負債などが個別に承継される。

　事業譲渡の概要は、**図表３−１**のとおりである。

　事業譲渡の対象は、譲渡会社の全事業である。事業譲渡が行われると、全事業が譲受会社に承継され、譲受会社は事業の対価（通常は金銭）を譲渡会社に交付する。

　事業譲渡の手法は、事業継続の場合において、株式譲渡の次に選択されることが多い手法である。

　一番のメリットとしては、簿外債務や偶発債務を承継させないことができるということである。

　事業譲渡のメリット・デメリットは、次のとおりである。

図表３−１　　**事業譲渡**

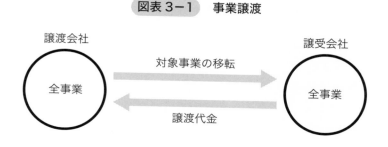

⑴　メリット

①　簿外債務や偶発債務を承継させないことができる

　事業継続に際して、対象会社の簿外債務や偶発債務を承継させないようにすることができ、その分対価が低くならない可能性がある。

　また、事業譲渡は包括承継ではなく個別承継なので、承継する資産・負債を限定したり、従業員を選択することができ、その分買主を見つけることが容易になる可能性がある。

②　売主としては、100％の株主である必要はない

　売主としては、事業譲渡に必要な総議決権の３分の２以上の株式を保有していればよい。

③　株主は、事業譲渡後、責任を負担しない

　事業譲渡契約の当事者は、株主ではなく対象会社なので、株主は、事業譲渡後、表明保証などの責任を負うことはない。

⑵　デメリット

①　清算手続等が別に必要となる

　対象会社の事業の全部を譲渡する場合には、通常、対象会社の清算手続等を別に実行する必要がある。

②　株主は、直接対価を得られない

　事業譲渡により得られる対価は、事業譲渡契約の当事者である対象会社が受領するので、株主がこれらの対価を取得するためには、剰余金の配当や残余財産の分配などの手続を別に行うことが必要となる。

③　個別の承継のための手続が別途必要となる

　事業譲渡は包括承継ではなく個別承継なので、契約の締結のみではなく、不動産登記の移転、契約の相手方の同意など譲渡対象ごとの個別の承継のための手続が必要となる。

❸ 会社分割

　会社分割とは、会社がその事業に関して有する権利義務の全部又は一部（本書では、一部ではなく全部の権利義務を想定する）を分割し、他の会社に承継させることを目的とする組織上の行為である。

　分割会社が権利義務の全部又は一部を、既存の会社（承継会社）に承継させるものを吸収分割、会社分割により設立する会社（新設会社）に承継させるものを新設分割という。

　対象事業の全部の権利義務を移転し、譲渡対価を譲渡会社の株主に交付する場合の概要は、**図表3−2**のとおりである。

　会社分割の手法は、事業継続の方法としては、事業譲渡に類似しているが、事業譲渡は個別承継なのに対して、会社分割は包括承継という特徴がある。

図表3−2　会社分割

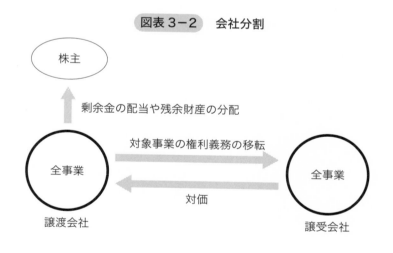

会社分割のメリット・デメリットは次のとおりである。

(1) メリット

① 売主としては、100％の株主である必要はない

売主としては、会社分割に必要な総議決権の3分の2以上の株式を保有していればよい。

② 株主は、会社分割後、責任を負担しない

会社分割契約の当事者は、株主ではなく対象会社なので、株主は、会社分割後、表明保証などの責任を負うことはない。

③ 簿外債務や偶発債務を承継させないことができる

会社分割に際して、対象事業における簿外債務や偶発債務を承継させないようにすることができ、その分対価が低くならない可能性がある。

(2) デメリット

① 清算手続が別に必要となる

対象会社の事業の全部を会社分割により承継させる場合には、通常、対象会社の清算手続等を別に実行する必要がある。

② 株主は、直接対価を得られない

会社分割により得られる対価は、会社分割契約の当事者である対象会社が受領するので、株主がこれらの対価を受領するためには、剰余金の配当や残余財産の分配などの手続を別途行うことが必要となる。

③ 手続きが煩雑である

会社法に定める様々な手続を行う必要がある。

❹ 合併

　合併とは、複数の会社が合体して形式的にも実質的にも1個の会社となる組織法上の行為である。

　合併のうち、当事会社の1社が合併後も存続し、合併により消滅する消滅会社の権利義務を承継するものを吸収合併、当事会社のすべてが消滅会社として合併により消滅し、それらの会社の権利義務を合併により新たに設立する新設会社に承継させるものを新設合併という。

　実質的には、吸収合併が用いられる場合が多く、本書では、譲渡会社が譲受会社に吸収合併される場合を想定する。

　吸収合併の概要は、**図表3−3**のとおりである。

　譲渡会社が消滅会社、譲受会社が存続会社である。吸収合併が行われると、譲渡会社の権利義務が譲受会社に承継され、その対価（通常は存続会社の株式）が譲渡会社株主に交付される。そして、譲渡会社は清算手続を経ることなく消滅する。

　合併の手法は、事業継続の方法としては、手続が煩雑であることや合併の対価が継続先の株式である場合には対象会社の旧株主が継続先の株主になってしまうことなどから、それほど選択されることはない。

図表3−3　合併

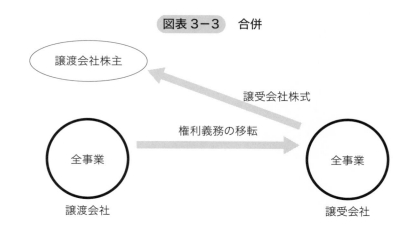

合併のメリット・デメリットは、次のとおりである。

(1) メリット

① 株主は、直接対価を得ることができる

株主は、合併により直接対価を得ることができ、合併の対価を金銭とした場合には、金銭的対価を得ることができる。

ただし、合併の対価は、継続先の株式であることが通常である。

② 売主としては、100％の株主である必要はない

売主としては、合併に必要な総議決権の3分の2以上の株式を保有していればよい。

③ 株主は、合併後、責任を負担しない

合併契約の当事者は、株主ではなく対象会社なので、株主は、合併後、表明保証などの責任を負うことはない。

(2) デメリット

① 対象会社の旧株主が継続先の株主となる可能性がある

合併対価は継続先の株式とされることが通常なので、対象会社の旧株主が継続先の株主となる。したがって、継続先が、このような事態を嫌がる可能性がある。

② 簿外債務や偶発債務が継承される

会社全体が合併の対象となることから、対象会社の簿外債務や偶発債務も継続先に承継されることになり、その分対価が低くなる可能性がある。

③ 手続が煩雑である

会社法に定める様々な手続を行う必要がある。

❺ 株式交換

　株式交換とは、対象会社がその発行済株式の全部を買収会社に取得させ、買収会社が対象会社の株主に対し対価を交付する組織法上の行為である。

　株式交換の概要は、**図表3－4**のとおりである。

　株式交換が行われると、譲受会社は譲渡会社株主が保有する譲渡会社の発行済株式の全部を取得し、譲渡会社は譲受会社の子会社となる。そして、譲受会社は譲渡会社株主に対し、株式交換の対価（通常は譲受会社の株式）を交付する。

　株式交換の手法は、事業継続の方法としては合併と同様、手続が煩雑であることや株式交換の対価が継続先の株式である場合には対象会社の旧株主が継続先の株主になってしまうことなどから、それほど選択されることはない。

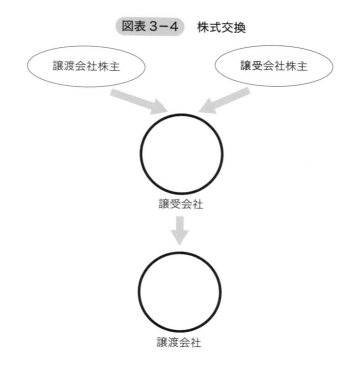

図表3－4　株式交換

譲渡会社株主　　　　　　譲受会社株主

譲受会社

譲渡会社

株式交換のメリット・デメリットは、次のとおりである。

(1)　**メリット**
①　株主は、直接対価を得ることができる
　株主は、株式交換により直接対価を得ることができ、株式交換の対価を金銭とした場合には、金銭的対価を得ることができる。
　ただし、株式交換の対価は、継続先の株式であることが通常である。
②　売主としては、100％の株主である必要はない
　売主としては、株式交換に必要な総議決権の3分の2以上の株式を保有していればよい。
③　株主は、株式交換後、責任を負担しない
　株式交換契約の当事者は、株主ではなく対象会社なので、株主は、株式交換後、表明保証などの責任を負うことはない。

(2)　**デメリット**
①　対象会社の旧株主が継続先の株主となる可能性がある
　株式交換対価は継続先の株式とされることが通常なので、対象会社の旧株主が継続先の株主となる。したがって、継続先が、このような事態を嫌がる可能性がある。
②　簿外債務や偶発債務が継承される
　会社全体が株式交換の対象となることから、対象会社の簿外債務や偶発債務も継続先に承継されることになり、その分対価が低くなる可能性がある。
③　手続が煩雑である
　会社法に定める様々な手続を行う必要がある。

❻ 株式交付

　株式交付とは、対象会社の株主が対象会社の株式を買収会社に譲り渡し、買収会社が対象会社の株主に買収会社の株式を交付する、買収会社の行為である。

　買収会社は、対象会社の株主から株式を譲り受けるのであって、買収会社と対象会社との間には契約は締結されない。

　いわば部分的な株式交換であって、本書では事業の全部の承継を想定しているので、説明は割愛する。

第2節

M&A 手続の流れ

　いずれの M&A の手法を使うにしろ、M&A 手続の大きな流れとしては、FA の選定、企業価値評価、買主の選定、基本合意書の締結、デューデリジェンス、最終契約書の締結、クロージング、となる。

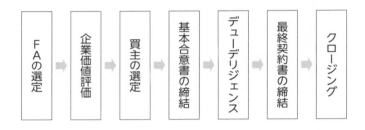

① FA の選定

　M&A による事業継続においては、売主は買主を選定する必要があるが、多くの場合、売主は、フィナンシャルアドバイザー（Financial Adviser (FA)）を雇って、買主の選定及びその後の M&A 手続の流れについてサポートを受けるものである。

　売主としては、できるだけ優秀な FA を雇いたいと思うのが当然であり、通常、3 社ぐらいの FA 候補にビューティーコンテストと呼ばれるプレゼンテーションを行ってもらい、FA を決定している。

　ちなみに、民事再生又は会社更生の場合、FA 契約の締結は、監督委員の同意事項又は裁判所の許可事項である。

❷ 企業価値評価

(1) 企業価値評価の必要性

　M&A による事業継続の場合に、売主及び買主にとって最も重要な論点は、価格である。したがって、売主としては、買主との交渉の前に、自ら価値を評価して、買主と交渉する必要がある。

(2) 企業価値評価の算定方法

　企業価値評価の算定方法としては、対象会社が上場会社であれば、株式市場における取引価格によって、株式の時価評価が可能である。

　しかし、非上場会社においては、株式市場が存在しないことから、別途の算定方式が使われる。

　非上場会社における企業価値評価の方法としては、大きく分けて、収益方式、純資産方式、比準方式の 3 つの方法がある[2]。

(3) 収益方式

　対象会社から期待される利益などを基にして評価する方式である。

　将来にわたる収益の総額の現在価値を示すもので、以下の種類がある。

① 収益還元方式

　対象会社が将来獲得する利益を、一定の割引率で割り引いた現在価値に基づき評価する方式である。

② ディスカウンテッド・キャッシュ・フロー（Discounted Cash Flow（DCF））方式

　対象会社が将来獲得するフリー・キャッシュ・フロー（債権者や株主等の資金提供者に対する利払い、元本の弁済または配当に充てることのできるキャッシュ・フロー）を一定の割引率で割り引いた現在価値に基づき評価する方式である。

2　以下については、中小企業庁『経営承継法における非上場株式等評価ガイドライン』（平成 21 年 2 月）8-15 頁を参照。

③　配当還元方式

　　株主が対象会社から将来獲得することが期待される配当金に基づいて評価を行う方式である。

⑷　純資産方式

　　対象会社の保有する純資産価額を基にして評価する方式である。評価時点で、事業を新たに開始する際に同じ資産を取得するとした場合、または、事業の資産全部を売却するとした場合に獲得できる金額を示すもので、以下の種類がある。

①　簿価純資産方式

　　貸借対照表に計上されている各資産の帳簿価額による純資産価額をもって、株式の価額とする方式である。

②　時価純資産方式

　　貸借対照表に計上されている各資産を時価に引き直し、その純資産価額をもって、株式の価額とする方式である。

⑸　比準方式

　　対象会社と類似する上場会社（類似会社または類似業種）の株式の市場価額や、対象会社の株式の過去の取引における価額を参考として評価する方式で、以下の種類がある。

①　類似会社比準方式

　　対象会社に類似する特定の上場会社の市場株価等を参考として評価する方式である。

②　類似業種比準方式

　　対象会社に類似する業種の上場会社の市場株価等を参考として評価する方式である。

③　取引事例方式

　　対象会社の株式の過去の取引における価額を参考とする方式である。

❸ 買主の選定

(1) 相対と入札

　M&Aにおける買主は、多数の候補者の中から決定されるが、その選定方式として、複数の買主候補者に買収条件を提示させ、最も良い条件を提示した者を最終的な買主とする選定方法を入札方式という。

　これに対して、最初から特定の買主候補との間で買収条件につき交渉する方式を相対方式という。

　本書では、中小企業の場合比較的事例が多いと思われる相対方式を想定して、以下の説明を続けるものとする。

(2) ティーザー

　ティーザーとは、買主候補に対して交付される、M&A取引の対象となる対象会社の対象会社を特定できない程度の情報を記載した概要書（企業名は記載されないので、ノンネームシートとも呼ばれる）である。

　売主が買主候補の募集を開始する場合、売主はFAを雇い、FAがティーザーを用いて買主候補を募集する。

　ティーザーに記載される情報は、対象会社の業種、地域、事業規模、業績など極めて限定的なものである。

　売主は、ティーザーに対して反応があった相手方の中から、事業内容や事業規模、取引先、地域などを考慮して買主候補を絞り込むことになる[3]。

(3) 秘密保持契約

　買主候補がティーザーの情報に基づき対象会社に関心を抱いた場合、より詳細な情報を入手し、検討を進めるため、買主候補は、売主との間で秘密保持契約（「Confidential Agreement（CA）」又は「Non Disclosure Agreement（NDA）」とも呼ばれる）を締結するのが通例である[4]。

3　アンダーソン・毛利・友常法律事務所『M&A実務の基礎［第2版］』（商事法務、2018年）17頁。
4　前掲注3・30頁。

⑷ インフォメーションパッケージ（Information Package）の交付

買主候補が CA を締結した後、売主の FA から、買主候補に対して、インフォメーションパッケージと呼ばれる資料（又は、インフォメーションメモランダム（Information Memorandum）とも呼ばれる）が提供される。

インフォメーションパッケージとは、売却対象会社の実名や事業及び財務に関する情報を詳細に記載した資料のことをいう[5]。

買主候補は、インフォメーションパッケージを検討して、法的拘束力のない買主候補の意向表明書を提出することになる。

⑸ 意向表明書

買主候補は、インフォメーションパッケージに記載された情報に基づき、希望する M&A 取引の基本条件を決定した上で、それを記載した意向表明書を売主に提示する[6]。

❹ 基本合意書の締結

買主候補が意向表明書を提示し、売主が特定の買主候補に絞った交渉を継続することを決めた場合、その時点までの当事者の了解事項を確認する目的で、買収対象、買収ストラクチャー、買収金額、スケジュールなどを規定した基本合意書（「Memorandum of Understanding（MOU）」又は「Letter of Intent（LOI）」とも呼ばれる）を締結することが多い[7]。

5　前掲注3・36-37 頁。
6　西村あさひ法律事務所『M&A 法大全（下）［全訂版]』（商事法務、2019 年）29 頁。
7　前掲注3・18 頁。

❺ デューデリジェンス（Due Diligence（DD））

　具体的な買収交渉プロセスに入った買主候補は、対象会社の各種リスクを調査するため、法務・財務・税務・ビジネスの各観点から DD を行う。

　その他、環境 DD など、対象事業や取引の目的により様々に専門化された DD がなされることもある[8]。

❻ 最終契約書の締結

　買主候補は、各種 DD を経て、最終的な買収価格と買収条件を提示する。当該提示内容が売主において受入可能であった場合には、最終契約書の作成プロセスに入る。

　最終契約書においては、買収価格や、表明保証、補償、誓約事項、前提条件、クロージング条項などについて詳細に規定される。

❼ クロージング

(1)　クロージング準備

　クロージングとは、取引の実行のことである。

　M&A においては、契約の締結からクロージングまで一定の時間が必要であることが多い。

　これは、M&A においては、法令により要求される手続の実施、対象会社の契約により要求される手続の実施、DD で発見された瑕疵の治癒などに時間を要するからである。

　クロージング準備では、これらの作業を行う。

　これらの準備を終えた後、結果を確認するためにプレクロージングと呼ばれる手続が行われる[9]。

8　前掲注 3・19 頁。
9　前掲注 3・20 頁。

(2)　クロージング

　クロージング当日は、買主が、すべての必要書類などを確認するなど、クロージングの前提条件が満たされたことを確認したうえで、買収金額が支払われる。

　売主は、着金確認後、すべての必要書類などを買主に交付する。

　具体的なクロージングの内容は M&A の手法により異なる[10]。

(3)　ポストクロージング

　ポストクロージングとは、クロージング後に要求される手続である。

　ポストクロージングの内容は、M&A の手法により異なるが、例えば株式譲渡であれば、新役員の選任のための株主総会の開催などである。

　そのほかとしては、クロージング後の誓約事項の実施、価格調整手続などが考えられる[11]。

10　前掲注 3・20 頁。
11　前掲注 3・21 頁。

M&A 成立後の売主企業の整理方法

　M&A 成立後、売主企業を存続させる必要がなくなった場合の整理方法としては、通常清算、特別清算、破産がある。

1 第二会社方式

　M&A の対象会社が過剰債務を有する場合、過剰債務を整理する方法として、債務者の資産と負債を今後の事業債権に必要なものとそうでないものを、2 つに分け（それぞれ Good 会社と Bad 会社）、Good 会社は事業を継続し、Bad 会社は清算する、というものがある。

　これを一般的に「第二会社方式」という。

　例えば、今後の事業継続に必要な資産と負債を新会社に事業譲渡や会社分割により移転し、残りは特別清算や破産で清算することが行われる（いわゆる Good 出し）。

　逆に今後の事業継続に必要なもののみを旧会社に残し、不要なものを新会社に移すこともある（いわゆる Bad 出し）。事業に許認可が必要であり、新会社では許認可の取得が難しい場合には、このような方法がとられる[12]。

12　森・濱田松本法律事務所『企業再生の法務［第 3 版］』（金融財政事業研究会、2021 年）28 頁。

② 通常清算

M&A の対象会社が過剰債務を有するのではなく、資産超過の場合には、会社を整理する方法としては、会社法に定める通常清算の手続によることになる。

通常清算については、**第6章**を参照されたい。

③ 特別清算

特別清算は、会社法で定められた清算手続であり、株式会社に適用される制度である。

特別清算手続においては、第三者の管財人は選任されず、株式会社の解散時に選任される清算人（会社の代表取締役であった者であることが多い）が清算株式会社の財産の管理、処分を行う（会478条1項1号）。

破産と異なり、否認権の制度は存在しない。

清算株式会社は、債権調査を行った後、財産の換価によって得た資産を原資として、各債権者に対する弁済の額などを定める協定案を作成する。

清算株式会社は、この協定案について債権者に賛否を問う債権者集会を開催し、そこで、①出席した議決権者（債権者）の過半数の同意、および②議決権者（債権者）の議決権の総額（債権総額）の3分の2以上の議決権を有する者の同意があれば、協定案が可決される（会567条1項）。

債権者集会において協定案が可決されると清算株式会社は協定の認可を裁判所に申し立て（会568条）、裁判所からなされる認可決定が確定すると、協定案が効力を生じることとなる（会570条）。

債権者集会において協定案が否決されると、原則として破産手続に移行する（会574条2項1号参照）。

❹ 破産

　破産手続は、破産法で定められた清算手続であり、法人のみならず個人にも適用される。

　学校法人や宗教法人にも広く適用される制度である。

　破産手続においては、手続が開始されると、第三者の破産管財人（弁護士）が選任され、破産管財人が破産者の財産の管理、処分を行う（破78条1項）。

　破産手続の申立て前に破産者の資産が廉価で売却されるなどの行為が行われた場合、破産管財人は否認権（破160条以下）を行使し、当該行為の効力を否定することができる。

　破産管財人は、債権者から債権届出を受け（破111条以下）、債権調査を行った後、破産財団の換価によって得た資金を原資として、各債権者の債権額に応じて平等に配当を実施する。

　破産管財人は、債権者集会において定期的に破産財団の換価処分の状況等について裁判所および債権者に報告を行うが、配当の内容等について債権者の賛否を問う必要はない[13]。

（渡邉　光誠）

13　前掲注17・424–425頁。

第4章

中小企業
再生支援協議会
手続による
事業継続及び
債務整理

はじめに

　本章では、中小企業再生支援協議会（以下「協議会」という）の手続について説明する。

　筆者は、弁護士である。相談企業の代理人弁護士として、いくつかの都道府県の協議会の手続を利用し、あるいは協議会のアドバイザーとして手続に関与しているが、協議会内部で業務を行ったことはない。本章の記述には、筆者の私見が多く含まれている。また、後述するように、協議会は、各都道府県に設置されており、手続について都道府県ごとに多少の違いもある。そのため、記述中に、客観的に見れば誤りを含む箇所があるかもしれないが、本質的な点について誤りはないと考えている。

　筆者は、協議会の手続を利用し、手続が成立した後、振り返って考えると、協議会の手続でなければ相談企業は事業を継続することができなかった、相談時点における相談企業にとって最も良い結果になったと考えることが多い。協議会の手続は、非常に良い手続であり、中小企業の心強い味方であると実感している。

　本書は、企業の経営者、経理担当者の方を主要な読者として想定している。筆者の私見をそのまま記載することが、筆者の考えを読者に届きやすくし、経営上の問題に悩まれている中小企業の経営者、経理担当者の方が協議会に相談する機会につながると考え、以下では、私見を排除することなく説明させていただくことにする。

中小企業再生支援協議会

① 中小企業再生支援協議会とは

　協議会は、中小企業の再生に向けた取組みを支援するため、産業競争力強化法に基づき、都道府県ごとに設置されている公的な支援機関である。

　いずれの都道府県の協議会にも中小企業の事業再生に知見を有する専門家（金融機関出身者、弁護士、公認会計士、税理士、中小企業診断士等）が常駐し、中小企業からの相談を受け付けている。相談内容は、経営相談、資金繰り、金融機関対応、事業承継・廃業まで多岐にわたる。協議会は、中小企業の経営が困難な問題に直面した際、幅広く対応してくれる総合病院と考えてよい。

　独立行政法人中小企業基盤整備機構（中小機構）内には、中小企業再生支援全国本部が設置されており、各都道府県の協議会の活動を支援している。協議会は、都道府県ごとに設置されているため、ある程度、地域ごとの特性（協議会に常駐している専門家の専門性や地域ごとの手続の違い等）は生じるが、中小企業再生支援全国本部が全体を支援することにより専門性や手続の統一性が図られている。

② 中小企業再生支援協議会の手続の特徴

　協議会の支援の下で行われる私的整理手続（以下「協議会手続」という）は、中小企業再生支援協議会事業実施基本要領（以下「基本要領」という）に沿って進められる[1]。

1　そのため、以下では、基本要領及び基本要領の Q&A（以下「Q&A」という）を引用して協議会手続の説明を行う。

私的整理手続であるため、原則として、協議の対象（相手方）となるのは、金融機関債権者のみである。すなわち、商取引債権者は、手続の対象には含まれない。また、協議会は、相談企業の秘密を厳守し、金融機関債権者にも守秘義務があることから、協議会の手続を行っていることは外部に伝わらず、情報漏洩のおそれは少ない。そのため、事業価値の毀損を防止しつつ事業の再生を図ることが期待できる。

　この点は、協議会手続に限らず、準則型の私的整理手続一般にいえることである。加えて、協議会の手続には３つの特徴[2]がある。１つ目は、対象としている相談企業が中小企業という点である。２つ目は、前述のとおり、協議会は、全国の各都道府県に設置されており、地域ごとの特性に対応しながらも専門性や手続の統一も図られている点である。３つ目は、最も重要な点であるが、手続に対する金融機関からの信頼が厚いという点である。この点は、協議会手続が設けられて以来、関与されてきた専門家、関係者の努力によるものといえるが、金融機関出身者が手続に深く関与しているところが大きい。前述のとおり、協議会手続は、金融機関債権者を対象とする。そのため、協議の相手方は、各金融機関の担当者ということになる。かつては、企業の債務整理の多くは、破産手続、民事再生手続等の法的整理手続に委ねられていた。また、協議会手続以外の私的整理手続も弁護士、公認会計士等、士業の専門家が中心となって行われてきた。これらの手続（協議会手続以外の手続）も合理的で信頼できるものであることは言うまでもない。また、これらの手続でも、金融機関関係者は当事者（債権者等）として参加する。しかし、金融機関の担当者からすると、どうしても裁判所や弁護士、公認会計士といった自分とは異なる職業、立場、あるいは視点を持つ人たちが主導する手続であり、金融機関の考え方を十分に理解し、金融機関や金融機関の担当者の立場に配慮した手続、進行にはなりにくい面があったことは否めない。これに対し、協議会の専門家には、金融機関出身者が数多く含まれている。都道府県ごとに設置され

2　他に、外部専門家を活用する必要がある場合の費用（デューデリジェンスや計画策定支援を受ける場合の費用）について、国から一定の補助金が得られるとの点もあげられる。

る協議会の専門家には、当該都道府県の地方銀行出身者が複数含まれている。金融機関及び金融機関の担当者からすれば、協議会の専門家に金融機関の考え方や金融機関の担当者の立場を熟知した金融機関出身者が含まれていることは安心感を高めるものといえ、手続への信頼につながる。このことは、決して協議会が金融機関寄りの判断をするということではない。金融機関からすると、金融機関内部で必要とされる手続や金融機関の論理をよく理解して手続を進めてもらえるという意味である。裏を返せば、金融機関出身の協議会の専門家は、協議の相手方である金融機関がどうすれば相談企業の要望に応じることができるのか、そのポイントも熟知しているということになる。そのような金融機関出身者が弁護士、公認会計士、税理士、中小企業診断士等の専門家とチームを組んで相談企業の事業継続を全力で支援してくれる。それが、協議会手続の大きな特徴である。

　筆者は、企業の経営者等から、「弁護士に相談すると破産を勧められると聞いた（そのため、弁護士に相談することを躊躇した）。」との話を聞いたことがある。決してそのようなことはないが、そのように考える経営者の方も多いのかもしれない。そのような不安がある場合には、迷うことなく協議会に相談されると良い。自分たちだけでは、協議会手続を進めることはできないのではないかとの不安があっても、上記のとおり、協議会には、中小企業の再生の知見をもった専門家が常駐している。さらに、協議会において、相談企業に代理人弁護士が必要と判断すれば、中小企業の再生の経験を持つ弁護士等の専門家を紹介してくれる[3]。その専門家は、協議会の代理人、アドバイザーではなく、相談企業の代理人、アドバイザーとして力になってくれる。そのため、周りに相談できる専門家が不在の場合でも、ためらうことなく、協議会に相談されると良い。

3　Q&Aによれば、「協議会事業においては、相談に来る事業者（債務者）に代理人弁護士が就いているケースは稀」であるとされている（Q&A・Q3）。

❸ 中小企業再生支援協議会の手続の活動状況

　協議会は、2003年（平成15年）2月に発足し、以降、2020（令和2）年度末（3月末）までに約5万社からの相談に応じ、1万5,000社以上の再生計画の策定支援を完了させている[4]。また、2020（令和2）年度から開始された後述（本章**第4節**）の特例リスケ計画策定支援についても、一事業年度で、窓口相談を行った企業数は5,000社を超え、2,749件の支援を完了させている。

　このように協議会手続は、前述の特徴もあいまって、中小企業の支援機関として定着し、全国の各都道府県で活用され、実績をあげている。

4　中小企業庁金融課「中小企業再生支援協議会の活動状況について〜令和2年度活動状況分析」（令和3年6月）（以下「活動分析」という）から引用。

第2節 中小企業再生支援協議会の手続の概要

① 対象となる企業

　協議会手続の対象となる企業は、「中小企業者」である（Q&A・Q10）。具体的には、産業競争力強化法第2条第17項において、以下のとおり定義されているが、中小企業全般が含まれると考えて良い。医療法人は、対象外とされていたが、現在は、常時使用する従業員数が300人以下の医療法人は対象に含まれている。

　なお、中小企業庁のパンフレット[5]では、支援対象は、「財務上の問題を抱えているが、事業の収益性が見込め、事業再生意欲を持つ中小企業」とされている。そして、具体例として、①事業自体は円滑に行われているが、過去の投資等による借入金の返済負担等で、資金繰りが悪化している。②事業存続の見通しはあるものの、事業の見直しや金融機関との調整が必要となっている。③金融円滑化対応により、今まで資金繰りは安定していたが、今後の見通しに不安がある、といったものが挙げられている。当然、新型コロナウイルスの影響や自然災害の被害によって資金繰りが悪化している企業も対象に含まれることになろう。

5　「中小企業庁支援策のご案内　中小企業の事業再生・事業の承継・引継ぎや円滑な終了を支援します」（2019年1月発行）。

産業競争力強化法

第2条（定義）

17　この法律において「中小企業者」とは、次の各号のいずれかに該当する者
をいう。

一　資本金の額又は出資の総額が3億円以下の会社並びに常時使用する従業
員の数が300人以下の会社及び個人であって、製造業、建設業、運輸業そ
の他の業種（次号から第四号までに掲げる業種及び第五号の政令で定
める業種を除く。）に属する事業を主たる事業として営むもの

二　資本金の額又は出資の総額が1億円以下の会社並びに常時使用する従業
員の数が100人以下の会社及び個人であって、卸売業（第五号の政令で
定める業種を除く。）に属する事業を主たる事業として営むもの

三　資本金の額又は出資の総額が5千万円以下の会社並びに常時使用する従
業員の数が百人以下の会社及び個人であって、サービス業（第五号の政令
で定める業種を除く。）に属する事業を主たる事業として営むもの

四　資本金の額又は出資の総額が5千万円以下の会社並びに常時使用する従
業員の数が50人以下の会社及び個人であって、小売業（次号の政令で定
める業種を除く。）に属する事業を主たる事業として営むもの

五　資本金の額又は出資の総額がその業種ごとに政令で定める金額以下の会社
並びに常時使用する従業員の数がその業種ごとに政令で定める数以下の会社
及び個人であって、その政令で定める業種に属する事業を主たる事業として
営むもの

六　企業組合

七　協業組合

八　事業協同組合、協同組合連合会その他の特別の法律により設立された組合
及びその連合会であって、政令で定めるもの

❷ 第一次対応（窓口相談）

　協議会手続のスタートは、窓口相談である。相談企業において、各都道
府県の協議会に電話でアポイントをとって、協議会の担当者と面談する。
あるいは、メインバンク等の取引金融機関から勧められて面談に至るケー
スも多いようである。協議会の担当者は、面談内容、提出資料から、相談

企業の課題解決に向けた問題抽出、助言を行う。必要に応じて、専門家や関係支援機関の紹介を受けることもできる。第一次対応においては、相談企業に費用負担は発生しない（無料である）。

前述の中小企業庁のパンフレットでは、相談において持参すべき資料は、会社概要がわかる資料、財務状況がわかる資料（直近三期分の決算書）とされている。これに加え、相談企業において資金繰り表を作成している場合には、持参すると良い（将来の資金繰り表がない場合、資金繰り実績表のみでも有用である）。また、現状の金融機関別残高一覧表（担保、保証の有無もわかるものであればなお良い）、主要取引先一覧（仕入先、得意先）、商流図も準備しておくと有益な面談になる。

基本要領5⑵では、協議会（長である統括責任者及び統括責任者を補佐する統括責任者補佐）は、窓口相談を受けた際は、以下の事項を把握し、課題の解決に向けた適切な助言、支援施策・支援機関の紹介を行うとされている。つまり、以下の事項を把握するために必要な資料を持参すべきということであり、それが上記各資料ということになる。

- ●企業の概要
- ●直近3年間の財務状況（財務諸表、資金繰り表、税務申告書等）
- ●株主、債権債務関係の状況（取引金融機関等）
- ●事業形態、構造（主要取引先等）
- ●会社の体制、人材等の経営資源
- ●現状に至った経緯
- ●改善に向けたこれまでの努力及びその結果
- ●取引金融機関との関係
- ●再生に向けて活用できる会社の資源
- ●再生に向けた要望、社内体制の準備の可能性

なお、前述の活動分析によれば、協議会に持ち込まれた相談の累計では、金融機関による持ち込み案件が約5割、相談企業による持ち込み案

件が約4割とされている。ただし、2020（令和2）年度は、相談企業による持ち込み案件が5割を超えており、増加傾向にある。

　規模別（売上高）で見ると、累計では、1億円超から5億円以下が4割を超えており、1億円以下、5億円超から10億円以下、10億円超から50億円以下がそれぞれ2割弱である。なお、後述（本章**第4節**）の特例リスケでは、売上高5億円以下が7割超を占めている。

❸ 第二次対応（再生計画策定支援）

(1) 第二次対応

　第一次対応（窓口相談）だけでは相談企業が抱える問題が解決しない場合で、協議会が再生計画策定支援を行うべきと判断した場合には、第二次対応に進むことになる。

　基本要領6(1)において、第二次対応の対象企業は、次のとおり定められている。

①　過剰債務、過剰設備等により財務内容の悪化、生産性の低下等が生じ、経営に支障が生じている、もしくは生じる懸念のあること。

②　再生の対象となる事業に収益性や将来性があるなど事業価値があり、関係者の支援により再生の可能性があること。

　さらに、債権放棄等（実質的な債権放棄[6]及び債務の株式化（DES）を含む）の要請を含む再生計画の策定を支援する場合は、上記に加え、次の要件を満たす必要があるとされる。

③　過剰債務を主因として経営が困難な状況に陥っており、自力による再生が困難であること。

④　法的整理を申し立てることにより相談企業の信用力が低下し、事業

---

6 「実質的な債権放棄」とは、相談企業の事業を会社分割又は事業譲渡により別会社に譲渡した後、相談企業について特別清算手続又は破産手続を申立て、当該手続の中で対象債権者から債権放棄を得る、いわゆる第二会社方式のスキームをとる場合を指す（Q&A・Q13）。

価値が著しく毀損するなど、再生に支障が生じるおそれがあること。
⑤　法的整理の手続きによるよりも多い回収を得られる見込みがあるなど、対象債権者にとっても経済合理性があること。

　第二次対応を開始する場合、協議会は、外部専門家（弁護士、公認会計士、税理士、中小企業診断士等）を活用して、相談企業を支援する「個別支援チーム」を結成し、具体的な再生計画の策定を支援する。これらの専門家は、協議会が選任する公正・中立な立場で支援を行う専門家である。

　債権放棄が必要になることが見込まれる案件や複雑な案件の場合、上記専門家とは別に協議会が相談企業の代理人弁護士、アドバイザーとなる専門家を紹介することもある。これらの専門家が協力し、それぞれの立場で相談企業を支援して、再生計画の策定、金融機関等との調整を行うことになる。

(2)　第二次対応開始に至るポイント
ア　資金繰りの確保

　第二次対応に入ると、手続の期間は、原則として6か月程度を要することになる（基本要領6(8)①）。

　そのため、再生計画を策定し、成立させるためには、手続開始から6か月は資金繰りを維持できることが必要条件となる。

　協議会に相談する場合、すでに資金繰りに窮している場合も少なくない。その場合、月別の資金繰り表だけでなく、日繰り表を作成し、資金繰りを維持できることを示す必要がある。月中の資金ショート（従業員の給料の支払日等）を起こさないことを確認するためである。第二次対応に入ると、再生計画案の策定、計画の成立までの間、金融債務について、元本返済を猶予してもらい、利息の支払のみ行うのが一般的である。それでもなお、資金繰りが回らないときは、仕入先、得意先との取引条件（支払サイト）の交渉や金融機関からの新規融資により対応する必要が生じる。前者は、信用不安を引き起こす可能性があり慎重な検討を要するが、信頼関係を築いている大口の仕入先、得意先があり、相談企業の事業が止まれば

相手先の事業にも影響が出るような場合には協力が得られることもある。また、後者は、いわゆるプレ DIP ファイナンスと呼ばれるもので、計画期間中の資金繰りを維持するための新規融資であるため、既存の金融債務（借入金債務）とは異なり優先的に弁済するもの（担保提供も行うもの）である。このように、他の金融債務（借入金債務）と異なる扱いをすることから、メインバンク等から、プレ DIP ファイナンスの供与を受けることができる場合には、協議会手続の対象となるすべての金融機関債権者の同意を得て借入を行うことになる。

イ　事業性の確認

前述のとおり、支援対象が「財務上の問題を抱えているが、事業の収益性が見込め、事業再生意欲を持つ中小企業」とされていることから、相談企業には、事業性（事業価値）が認められることが必要である。

事業を続ければ続けるほど赤字が続き、資金が流出するだけになるような場合には、金融機関債権者の協力を得ることはできないため、第二次対応は開始されない。ただし、このことは、現在、相談企業が黒字であることを要するとするものではない。協議会の支援を受けて策定する再生計画案において将来的に黒字化する見込みがある場合や事業に価値が認められ、スポンサー企業の支援を受けて事業を継続できる見込みがあると判断される場合には、第二次対応を開始してもらうことができる。

そのため、事業性については、「事業再生意欲を持つ中小企業」の部分、すなわち、事業を維持、存続させるとの経営者の熱意が重要と考えられる。この「熱意」は、経営者が自らの地位や資産を維持しようとする意欲ではなく、取引先や消費者への影響、従業員の雇用維持を考え、事業を存続させようとする意志を指す。

ウ　主要債権者の協力見込み

基本要領では、協議会（統括責任者）は、主要債権者の意向を踏まえて、再生計画の策定を支援することを決定するものと定められている（基本要領6⑵②）。

ここでいう「主要債権者」というのは、対象債権者、すなわち、相談企業

の取引金融機関等のうち、債権額が上位のシェアを占める債権者を指す(Q&A・Q16)。多くの場合、メインバンク、準メインバンクを指すといってよい。

　主要債権者の意向として、再生計画案に同意する可能性の有無まで確認することは求めれていない。これから再生計画案を策定するのにそのような意向を確認するのは無理である。また、メインバンクとして手続をリードする、積極的に支援するというものであれば心強いが、そうでなくても、相談企業の事業の再生を検討することに対して否定的でないことが確認されれば足りるとされている（Q&A・Q18）。主要債権者において、相談企業に事業性が認められない等の理由で、破産等の清算を求めている場合でなければ、第二次対応の開始は妨げられないと考えられるが、その場合、手続を維持できる見込みの有無（主要債権者が支援に積極的でないことにより手続の維持が困難となる事情がないか、準メインバンク等の他の債権者の意向等）について検討の上、開始の可否が決定されるものと考えられる。

(3)　粉飾決算をしている場合

　企業の経営者や経理担当者の方の中には、自社が粉飾決算をしており、協議会に相談し、それが明らかになった場合、倒産に追いやられてしまうのではないかと心配している方もいるかもしれない。

　粉飾決算を行っていたということは、企業が金融機関に対して、事実と異なる決算を示していた（金融機関を騙していた）ことを意味するものであり、非難されるべきものである。しかし、これまで協議会が支援を行い、再生を果たした企業の中には粉飾決算を行っていた企業も含まれる。重要なのは、隠すことなく事実を明らかにし、謝罪するとともに、責任ある者がしかるべき責任を取ることである。

　相談企業、相談企業の経営者がそのような姿勢を示せば、協議会は相談に応じてくれるし、金融機関債権者も話し合いのテーブルについてくれる。

　粉飾決算を行っている場合でも、協議会への相談を控えるべきではない。そして、その場合、第一次対応（窓口相談）の時点で協議会の担当者に正直に事実を伝えるべきである。

協議会による再生支援計画策定支援

① 専門家チームの結成

第二次対応が開始されると、協議会により「個別支援チーム」が結成される。

個別支援チームは、協議会において、弁護士、公認会計士、税理士、中小企業診断士等の専門家の中から、当該相談企業（業種、規模、窮境原因、解決すべき課題等）にとって最適と判断した専門家を選定、依頼して結成される。選定された専門家は、公正・中立な立場でデューデリジェンスや再生計画案の策定支援等を行うため、相談企業の利害関係のないことの確認もなされる。

なお、第二次対応のうち、この外部専門家の費用については、相談企業に費用負担が発生する。ただし、国からの一定の補助金を受けることができる場合がある。

② 返済猶予の要請

第二次対応が開始される場合、協議会（統括責任者）と相談企業の連名で対象となる金融機関債権者（相談企業の取引金融機関。以下「対象債権者」という）に対し、「返済猶予の要請」を発送することがある（Q&A・Q21）。東京の協議会では、原則として発送している。

この「返済猶予の要請」は、対象債権者に対し、相談企業の金融債務について、元本（資金繰りの状況によっては元利金）の返済の停止や猶予を求めるものである。あわせて、個別的権利行使（相殺権の行使、担保権の実行等）や債権保全措置（新たな担保取得等）を差し控えるよう要請すること

もある。具体的には、6か月程度の返済猶予期間（想定される手続期間）を指定して借入金債務及び保証債務の元金の返済の猶予を依頼するとともに、

- ・基準日時点（返済猶予の要請を行った時点）における与信残高（手形貸付・証書貸付・当座貸越等の残高）を減らすこと
- ・弁済の請求・受領、相殺権を行使するなどの債務消滅に関する行為をなすこと
- ・追加の物的人的担保の供与を求め、担保権を実行し、強制執行・仮差押・仮処分や法的倒産処理手続の申立てをすること
- ・金利水準を引き上げること

を差し控えるよう申し入れを行う[7]。

返済猶予の要請を行うとともに、第1回アドバイザー会議（バンクミーティング）の開催を案内することが多い。第1回アドバイザー会議では、

- ・相談企業の代表者からの挨拶
- ・相談企業の現状の説明（足元の業況、資金繰り[8]等）
- ・第二次対応に至った経緯の説明
- ・今後のスケジュール説明
- ・対象債権者との質疑応答

といった説明、やりとりがなされるのが一般的である。

スケジュールについては、事案によって異なることになるが、第1回アドバイザー会議から2〜3か月後に第2回アドバイザー会議（デューデリジェンスの報告会）、その1〜2か月後に第3回アドバイザー会議（再生計画案の説明会）、その1か月後に第4回アドバイザー会議（再生計画案に対する合意形成の会議[9]）というのが標準的である。スケジュールについて

7　申入内容は、都道府県ごとの協議会により、また事案により異なる。

8　対象債権者には、手続期間中（6か月程度）の返済猶予を要請する。対象債権者は、返済猶予に応じれば、手続期間中の資金繰りが維持されることを確認し、要請に応じるか否かを判断する。そのため、第1回アドバイザー会議では、相談企業の6か月分の資金繰り表を配布すべきである。

9　第4回アドバイザー会議を開催せず、協議会が各対象債権者に電話で同意の意思を確認する場合もある。

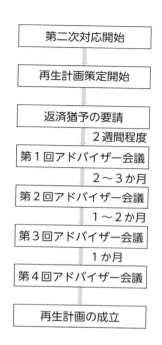

```
┌─────────────────────┐
│    第二次対応開始     │
└─────────────────────┘
           │
┌─────────────────────┐
│   再生計画策定開始    │
└─────────────────────┘
           │
┌─────────────────────┐
│   返済猶予の要請      │
└─────────────────────┘
           │  2週間程度
┌─────────────────────┐
│  第1回アドバイザー会議 │
└─────────────────────┘
           │  2～3か月
┌─────────────────────┐
│  第2回アドバイザー会議 │
└─────────────────────┘
           │  1～2か月
┌─────────────────────┐
│  第3回アドバイザー会議 │
└─────────────────────┘
           │  1か月
┌─────────────────────┐
│  第4回アドバイザー会議 │
└─────────────────────┘
           │
┌─────────────────────┐
│    再生計画の成立     │
└─────────────────────┘
```

は、手続の途中で変更になることがある。また、これらのアドバイザー会議の間に中間報告会が設けられることもある。

❸ デューデリジェンスの実施

　第1回アドバイザー会議後、個別支援チームの専門家（公認会計士、税理士、中小企業診断士等）によって、財務デューデリジェンス及び事業デューデリジェンスが実施される。

　財務デューデリジェンスでは、相談企業の概要（沿革、事業内容、事業所、役員、従業員、株主等）、窮境原因の分析、財産及び損益の状況、正常収益力の分析（過大債務額の把握）、タックスプランニング、清算価値の試算等が行われる。

　事業デューデリジェンスでは、相談企業のビジネスモデルの分析、経営

資源分析、外部環境・内部環境の分析、SWOT 分析[10]、窮境要因と除去可能性、取り組むべき課題の抽出、改善方法の検討等が行われる。

これらのデューデリジェンスによって、相談企業の財務及び事業の実態把握がなされ、再生計画案、必要な金融支援内容の方向性が定まることになる。

財務デューデリジェンスについては、中小企業再生支援全国本部から報告書のひな形が公表されており、ある程度「型」が確立している。

他方、事業デューデリジェンスについては、相談企業の業種や想定される再生計画案が自主再建型なのかスポンサー型なのかによって必要性や求められる深度が異なり、事案によって内容も大きく異なる。すなわち、事業デューデリジェンスを実施しない場合もあれば、財務デューデリジェンスと同一の専門家が実施する場合、事業デューデリジェンスに特化した(相談企業の業種に精通した)専門家において実施する場合など様々である。

いずれにしても、財務デューデリジェンス、事業デューデリジェンスともに 2 か月程度という限られた期間で実施されるものであり、相談企業としては、速やかに求められた資料を提出し、専門家から受けた質問に回答する必要がある。求められる資料、質問への回答は相当な量に及ぶため、代表者自らが責任をもって対応する、あるいは即時に対応することのできる適任な役職員を担当にするといった対応が必要になる。

❹ 再生計画案の策定

(1) 基本要領に定められている要件

再生計画案は、相談企業が、個別支援チームの支援を受けて、策定する。策定する主体は、あくまでも相談企業である。基本要領において、再生計画案は、相談企業の自助努力が十分に反映されたものであるとともに、以下の内容を含むものとされている(基本要領6(5)①)。

---

10 「SWOT 分析」は、自社の事業の状況等を、強み(Strengths)、弱み(Weaknesses)、機会(Opportunities)、脅威(Threats)の 4 つの項目で整理して、分析する方法(中小企業庁ホームページ)。

なお、対象債権者に対して金融支援を要請する場合には、経営者責任の明確化を図る内容とすることが求められている。さらに、金融支援の内容として債権放棄等を要請する場合には、株主責任の明確化も盛り込む必要がある（基本要領6⑸⑤及び⑥）。

- ●企業の概要
- ●財務状況（資産・負債・純資産・損益）の推移
- ●実態貸借対照表
- ●経営が困難になった原因
- ●事業再構築計画の具体的内容
- ●今後の事業見通し
- ●財務状況の今後の見通し
- ●資金繰り計画
- ●債務弁済計画
- ●金融支援(リスケジュール、追加融資、債権放棄等)を要請する場合はその内容

　加えて、再生計画案は、原則として、以下の3つの数値基準を満たす必要がある（基本要領6⑸②～④。ただし、いずれも企業の業種特性や固有の事情等に応じた合理的な理由がある場合には、これを超える期間を要する計画を排除しないとされている）。

①　実質的に債務超過である場合は、再生計画成立後、最初に到来する事業年度開始の日から5年以内を目途に実質的な債務超過を解消する内容であること。

②　経常利益が赤字である場合は、再生計画成立後、最初に到来する事業年度開始の日から概ね3年以内を目途に黒字に転換する内容であること。

③　再生計画の終了年度（原則として実質的な債務超過を解消する年度）における有利子負債の対キャッシュフロー比率が概ね10倍以下となる内容であること。

　複雑な要件のようにも感じられるが、要は、5年以内に実質的な債務超過を解消すること、3年以内に黒字化すること、再生計画の終了年度には有利子負債がキャッシュフローの10倍以内に収まっていることが求めら

れているということである。

　もっとも、基本要領では、リスケジューリングを内容とする再生計画案が上記数値基準のいずれかを満たさない場合であっても、再生計画の策定を支援することができると定めている。すなわち、これらの要件のいずれかを充足しない場合でも再生計画案として成り立ち得るものとされている（基本要領6⑸⑨）。

　さらに、協議会手続では、いわゆる「暫定リスケ」として、上記数値基準に適合しない場合であっても、事業の立て直しを行い、次に本来的な再生計画案を策定するための準備として、原則として3年以内のリスケジューリングの計画を策定することも認められている。すなわち、数値計画を満たさない場合でも、再生計画案の策定について協議会の支援を受けることができるということである。ただし、「暫定リスケ」を繰り返すことは認められておらず（3年の計画期間満了時において、再度、数値基準を充足しないリスケジューリングの再生計画案を策定することは認められておらず）、「暫定リスケ」の計画期間満了後は、数値基準を満たす再生計画案を策定することが求められる。

　その他、再生計画案における権利関係の調整が債権者間で（衡平性の観点から）平等であること、債権放棄等を要請する内容を含む再生計画案である場合には、破産手続による債権額の回収見込みよりも多くの回収を得られる見込みが確実であるなど、対象債権者にとって経済的な合理性が期待できることが求められている（基本要領6⑸⑦⑧）。

　相談企業にとって、これらの要件を正しく理解し、再生計画案に反映させることは、非常に難しく感じられることと思われる。しかし、再生計画案の策定については、協議会及び個別支援チームの支援が受けられる上、債権放棄等を要する場合等、複雑な案件については、相談企業にも弁護士や公認会計士といった専門家が代理人弁護士、アドバイザーとなって、再生計画案の策定をサポートする。そのため、相談企業の経営者や経理担当者において、基本要領に定められている要件が複雑に思われる場合であっても、心配する必要はない。

⑵　経営者責任及び株主責任

　中小企業の経営者にとっては、基本要領に定められている経営者責任、株主責任がいかなる内容を指すものか気になるものと思われる。自分の会社の再生は自らが陣頭指揮をとって実現したい、自らが陣頭指揮をとらなければ実現できないと考えている中で、辞任を求められるのか、また自らが保有している株式はどうなるのか気にならない経営者はむしろ少数であろう。

　まず、経営者責任については、対象債権者に債権放棄を求める場合に限らず、リスケジューリングを要請する場合でも、明確にすることが求められている。もっとも、ここでいう「経営責任」とは、経営者の退任とイコールではない。協議会手続においては、経営者の退任を必須とするものではないとされている（Q&A・Q28）。具体的には、「経営者責任の明確化としての経営者の退任は、窮境原因に対する経営者の関与度合、対象債権者による金融支援の内容、対象債権者の意向、相談企業の事業継続における経営者の関与の必要性など種々の事情を考慮して、個別に対応すべき」とされている。さらに、経営責任の明確化の内容としては、「役員報酬の削減、経営者貸付の債権放棄、私財提供や支配株主からの脱退等により図ることもあり得る」とされている（同）。このように、協議会手続では、経営者の退任は必須とはされておらず、様々な経営責任の取り方[11]がありうることが具体的に示されている。

　次に、株主責任についてであるが、こちらは、対象債権者に債権放棄等を要請する場合に求められるものである。対象債権者に債権放棄等を求めるのであるから、会社法上、債権者に劣後する株主に責任が求められるのは当然のことといえる。協議会手続では、その内容は、「減資や株式の無償譲渡により支配株主の権利を消滅させることはもとより、減増資により既存株主の割合的地位を減少又は消滅させる方法」があるとされている（Q&A・Q29）。

11　経営者については、経営者責任のほか、連帯保証の問題があるが、この点は、第7章「保証人の債務整理」において説明する。

株主責任については、「中小企業は、いわば家業として事業を行っているケースが多く、経営者一族を株主から一掃してしまうことは取引先等からの信用を失い、事業自体を毀損してしまう危険性も高い」として、「支配株主の範囲を柔軟に捉えることで、たとえば窮境原因に関与した経営者に関する株主責任はしっかりととらせたうえで、窮境原因には関与していない一族（社長の子息など）の株主を残すことは現実的な対応であるといえる」との考えも示されている（藤原敬三『実践的中小企業再生論［第3版］』（2020年、きんざい）152頁。このように、株主責任についても、中小企業の再生との観点から柔軟な対応の余地があるとされている。

❺ 計画合意

　相談企業において策定した再生計画案は、協議会による検証がなされる。具体的には、債権放棄等の要請を含む場合には、個別支援チームのメンバーとして弁護士が選任され、当該弁護士により検証がなされる。債権放棄等の要請を含まないリスケジューリングの場合には、協議会の統括責任者において検証がなされる（基本要領6⑹①）。検証結果は、調査報告書として取りまとめられ、対象債権者に配布され、対象債権者の再生計画案への同意・不同意の判断のための参考資料とされる。

　調査報告書には、次の各事項を含めることとされている（基本要領6⑹②）。③については、債権放棄等を要請する内容を含む再生計画案の場合に限って検証される。

　①　再生計画案の内容
　②　再生計画案の実行可能性
　③　法的手続と比較した経済合理性（私的整理を行うことの経済合理性）
　④　金融支援の必要性
　⑤　金融支援の合理性

再生計画案の提示の後、対象債権者の同意・不同意の判断（行内の稟議決裁手続等）には1か月程度を要する。この期間は各対象債権者において必要とされる手続の内容や制度融資の利用の有無等によって異なるため、相談企業としては、再生計画案の提示に先立って、各対象債権者に合意形成に要する期間を確認しておくべきである。

　アドバイザー会議において、すべての対象債権者から再生計画案への合意が得られた場合には、再生計画成立となる（基本要領6(7)②）。現在、私的整理手続では多数決原理は取り入れられておらず、協議会手続においても、対象債権者のうち1行でも不同意を表明した場合には不成立となる。

　基本要領では、対象債権者の一部から不同意の表明がなされた場合、当該対象債権者を除外しても再生計画の実行上影響がないと判断できる場合には、当該対象債権者を除外した変更計画を作成し、他の対象債権者の同意を得て変更後の再生計画の成立を認めることができるとされている（基本要領6(7)③）。もっとも、この場合、対象債権者を不平等に扱うことになるため、他のすべての対象債権者から合意を得ることは困難になることも多いと思われる。そのため、この規定に基づき、変更計画が成立するのは、基本的には、不同意を表明した対象債権者の持つ債権が少額である場合や当該対象債権者が外国の金融機関である場合等、例外的な事案に限られるものと思われる。

　では、一部の対象債権者が不同意を表明し、再生計画が不成立となった場合、相談企業はどうなってしまうのか。対象債権者に対して説明を尽くし、あらためて同意を求めることは当然である。それでも、翻意してもらえない場合には、民事再生手続や破産手続等の法的手続に移行せざるを得ない場合もあるが、特定調停手続において、裁判所の調整の下、再生計画の成立を目指すことも考えられる。実際に、そのようにして再生計画が成立した例もある。最後まであきらめないことが重要である。

❻ モニタリング

　再生計画の成立によって、再生計画策定支援は完了となる（基本要領6 (8)①)。

　もっとも、再生計画は成立した後、履行していくものである。再生計画は履行されてこそ意味があるのであり、相談企業としては役職員一丸となって再生計画を履行する必要がある。

　そして、再生計画の策定を支援した協議会が、再生計画の履行に一定程度関与することは、相談企業、対象債権者の立場から見て望ましいことである。

　そのため、基本要領において、協議会は、必要に応じて、外部専門家の協力を得て、相談企業の計画達成状況等について、モニタリングを行うものとされている（基本要領8 (1)①)。モニタリングの期間は、再生計画が成立してから概ね3事業年度（再生計画成立年度を含む）を目途とするとされている（同③)。協議会が一定程度関与するといっても、再生計画を履行するのは相談企業である。そのため、協議会の関与としては、相談企業が実施するモニタリング会議（対象債権者に対する再生計画の履行状況についての報告会）にオブザーバーとして出席する等、後見的な関与になるものと考えられる。

　なお、再生計画策定支援が完了した案件は、中小企業庁において全国の案件が取りまとめられた上で、公表される（基本要領7 (1)）。ただし、公表されるといっても、その内容は、①相談企業の概要（事業内容、現状に至った経緯、債務の状況等)、②再生計画の概要（再生計画の目標、事業面での再生及び財務面での再生の具体的な内容等）とされており、事前に相談企業等の関係者と十分な調整を行うものとされ、企業名の公表は相談企業が同意した場合に限るものとされている（基本要領7 (2)）。

第**4**節

新型コロナ特例リスケジュール支援（特例リスケ）

① 特例リスケとは

　前節では、協議会による再生支援計画策定支援について詳しく説明した。これは、協議会が行う通常の支援手続である。

　しかし、新型コロナウイルスの蔓延を受け、通常の支援手続とは別途、この緊急かつ危機的な事態に対応したリスケジュールの支援策が用意された。具体的な手続については、新型コロナウイルス感染症特例リスケジュール実施要領（以下「特例リスケ要領」という）に定められているが、ポイントとなるのは、新型コロナウイルスの影響を受けた中小企業について、1年間のリスケジューリング（元本の返済猶予）の計画策定支援を行うという点にある。協議会は、再生計画が成立した後もモニタリングを行い、引き続き手続に関与する。そして、必要に応じて、特例リスケ計画の計画期間終了後の再生計画案の策定支援も行う。これらの協議会が行う支援は、外部専門家を活用しない場合には、相談企業の費用負担なしに（無料で）受けることができる。

　特例リスケは、令和2年4月から実施されており、令和3年度以降も継続して実施されることになっている。

　特例リスケの計画策定支援の相談件数は、2020年度（令和2年度）だけで5,000件を超えており、2,749件の支援を完了させている[12]。新型コロナウイルスの影響を受け、資金繰りに苦しんだ数多くの企業がこの制度を利用し、スピーディーに計画策定支援が完了（計画が成立）したものと評価できる。

12　前掲注4（活動分析）から引用。

❷ 対象となる企業

　対象となる企業は、新型コロナウイルスの影響を受けた中小企業である。具体的には、特例リスケ要領2(2)に数値基準が定められているが、

①　最近1か月の売上高が前3年のいずれかの年の同期と比較して5%以上減少した者

②　過去6か月（最近1か月を含む）の平均売上高が前3年のいずれかの年の同期と比較して5%以上減少した者

等、売上減少が認められれば幅広く認められる要件とされており、しかも、これらに「該当する者を目安」とすると定められていることから、新型コロナウイルスの影響を受けた中小企業はほぼすべて対象に含まれるものと考えられる。

　その上、「過去に協議会事業に基づく再生計画策定支援を受けた中小企業者」、「現在協議会事業に基づく再生計画策定支援中の中小企業者」についても対象に含めると定められている。暫定リスケの再生計画を策定した中小企業については、再度、協議会の支援を受けて、暫定リスケの再生計画を策定することはできないが、特例リスケの計画策定についてであれば支援を受けることができるということになる。

　新型コロナウイルスの影響を受け、当面の資金繰りを確保する必要のある中小企業にとっては、大変有用な制度であり、上記のとおり、実際に多くの中小企業がこの制度を活用し、資金繰りを維持して事業を継続している。

❸ 特例リスケの手続

　特例リスケについても、手続は、第一次対応（窓口相談）と第二次対応（特例リスケ計画策定支援）に分けられている。

　第一次対応（窓口相談）は、原則として面談によるものとされるが、新型コロナウイルスの蔓延防止の観点から、必要に応じて、電話対応等の代替措置での対応も可とされている（特例リスケ要領2(1)）。協議会の統括責

任者は、売上高を確認できる最小限度の資料で前述の数値基準等に照らして支援開始の当否を判断するとされている（特例リスケ要領2(3)）。そして、協議会は、支援することが適当と判断した場合には、相談企業の資金繰りを確認した上で、主要債権者の意向を確認し、特例リスケ計画の策定支援を決定する（特例リスケ要領3(1)①〜③）。

　第二次対応（特例リスケ計画策定支援）が開始されると、協議会は、対象債権者に対し、元本の返済猶予の要請を行うとともに、特例リスケ計画策定支援を行うことを通知し、協力を要請する（特例リスケ要領3(1)④）。

　その後、相談企業は、協議会や主要債権者の協力を受けて、特例リスケ計画案を策定する。計画案は、1年間の資金繰り計画とされるが、相談企業の要望に応じ、計画期間中の行動計画（事業継続アクションプラン）を含めることもできる（特例リスケ要領3(2)①）。協議会は、計画案の策定支援にあたり、必要に応じて、外部専門家の協力[13]を要請することができるとされている。また、相談企業の資金繰りの状況に応じて、政策金融公庫等の新型コロナウイルスに対応した融資や主要債権者等による融資による資金調達に向けて積極的に金融機関調整を行うとされる（特例リスケ要領3(2)②③）。

　策定された特例リスケ計画は、すべての対象債権者の同意を得た場合に成立する（特例リスケ要領3(3)①）。

　特例リスケ計画成立後、協議会は、モニタリングの実施や助言、必要に応じて、計画期間経過後の再生計画策定支援を行う。

　このように、特例リスケの手続は、協議会が積極的に関与し、主要債権者とも協力して計画の策定を支援することが予定されている。そのため、相談企業として、独自の専門家（弁護士、公認会計士等）に依頼する必要性は少なく、相談企業のみで手続を進められる場合が多いものと思われる（特例リスケ計画の計画期間後の再生計画策定については、独自の専門家の力が必要となる場合も多いと思われるが、必要と考えられる場合、協議会から助言や紹介を受けることになるものと思われる）。

13　この場合、専門家費用を要することになるが、一定の補助金を得られる場合がある。

中小企業再生支援協議会の
手続を成立させるためのポイント

　本章では、協議会の手続について説明してきた。

　相談企業において、粉飾決算等の問題がなく、一時的に資金繰りに窮しているものの、一定期間、リスケジューリング（元本の返済猶予）を受けることができれば事業を継続することができる場合には、協議会の支援の下、相談企業のみで再生計画を策定し、手続を成立させることができる場合も多いと思われる。

　しかし、大規模な粉飾決算を行っていたこと等を理由に、対象債権者の協力が得られない場合や事業の毀損が進み、赤字が続いていて立て直しが困難であるような場合には、相談企業の代理人となる弁護士に依頼して、代理人弁護士とともに手続を進めることもある。実際に、筆者は、そのような事案において、相談企業の代理人弁護士として協議会手続において再生計画を策定する等、手続の成立に関与してきた。

　そのような経験を通じて、協議会の手続を成立させるために、重要なポイントがいくつかあると考えるようになった。

　そこで、主に相談企業の経営者、経理担当者に向けて、協議会の手続を利用する場合にぜひとも心がけていただきたいポイントを5点あげて本章のまとめとしたい。

(1)　協議会を信頼すること

　協議会は、中小企業再生の専門家集団である。数多くの中小企業から相談を受け、再生を支援した経験、ノウハウを持っている。相談企業と同業の会社からの相談も受けている。同じような問題に直面した企業からの相談を受け、解決している。また、様々な案件を取り扱う中で、相談企業の

取引金融機関とも協議しており、金融機関ごとの考え方、カラーも理解している。

　その協議会を信頼し、頼ることが手続成立の必要条件である。

　協議会は、再生計画案の策定を支援してくれるだけではない。相談企業が協議会を信頼し、真摯に再生を目指す場合には、金融機関との調整（説得）にも力を奮ってくれる。筆者の経験上、協議会手続でなければ、金融機関に了解してもらえなかったのではないか（説得することができなかったのではないか）と考える場面がいくつもある。金融機関が手続に協力してくれない場合や再生計画案に同意できないとの意思を示している場合、筆者は、相談企業の代理人弁護士として金融機関と協議し、理解を求めることになるが、それと並行して協議会も金融機関と協議し、金融機関を説得してくれていることがある。前述のとおり、協議会には、金融機関の出身者も多く、なぜ金融機関が手続に協力できないのか、なぜ金融機関が再生計画案に同意できないのか、その理由も理解している。理由がわかるということは効果的な対応もわかるということになる。

　このようなことから、手続が行き詰まったとき、相談企業の経営者、相談企業の代理人弁護士に加え、公的な機関である協議会が中立・公正な立場から金融機関に意見を述べてくれることは、力強い後押しとなり、相談企業の再生を大きく前進させてくれる。

　協議会を信頼すること。これが協議会手続を成立させるための1丁目1番地である。

⑵　金融機関に対し正直かつ適時に情報提供すること

　次に重要なのは、金融機関に対して、正直かつ適時に情報提供することである。

　金融機関の担当者は、相談企業に対して、厳しい意見を述べることもある。しかし、会社に倒産してもらいたいと考えている金融機関の担当者はいない。厳しい意見を述べている金融機関の担当者も、本心では、相談企業に再生してもらいたい、事業を立て直してもらいたいと願っている。そ

のため、赤字からの脱却が極めて困難で黒字化は不可能と考えられるような場合（その場合、資産が流出する一方になるので金融機関としては手続に協力できない）を除き、金融機関の担当者は、手続の成立に向けて協力してくれるはずである。

にもかかわらず、金融機関の担当者が手続に協力できないと述べるのは、多くの場合、個人としては協力したいが、金融機関としては協力できない場合ということになる。すなわち、金融機関という組織として、手続に協力するという意思決定ができないということである。そのように考えると、金融機関という「組織」に相談企業が協力を求めている手続の必要性や再生計画案の内容を正しく理解してもらい、これなら協力できると考えてもらうことが重要ということになる。

金融機関は、ずるいことをする会社には厳しく対応する（厳しく対応せざるを得ない）。反対にずるいことをしない会社には優しい。そのため、金融機関に手続に協力してもらうには、ずるいことをしない、すなわち、正直に事実を伝えることが必要になる。事実と異なる説明はするべきでないし、あいまいな説明は避けるべき[14]である。また、金融機関は組織であり、情報の整理、伝達には一定の時間を要するから、必要な情報、求められた情報は、できる限り速やかに伝えることも重要になる。

手続を通じて、金融機関に対し、正直かつ適時に情報を提供し、協議して理解を求めれば、金融機関は必ず相談企業の意見に耳を傾けてくれるし、最終的には、手続に協力してくれるはずである。

(3) 本業に注力すること

ほとんどの相談企業は、協議会手続を利用するのは初めてのことと思われる。

協議会手続は大変である。第二次対応が開始されると、財務デューデリジェンス、事業デューデリジェンスが実施されるが、その際は、様々な資

14　スポンサー選定プロセスの途中であるため、スポンサー選定の状況を詳細に説明することはできないといった合理的な理由がある場合を除く。

料の提供が求められ、数多くの質問も寄せられる。そして、それら一つひとつに丁寧に対応する必要がある。

そのため、慣れない対応に膨大な時間と労力をかける必要が生じるが、多くの中小企業は限られた人員で事業を行っており、そのような余裕はないであろう。

その中で、これまで以上に本業に注力することが重要である。

協議会手続の支援対象は、「財務上の問題を抱えているが、事業の収益性が見込め、事業再生意欲を持つ中小企業」である。「事業の収益性が見込め」ない場合、支援の対象から外れてしまうことになる。前述のとおり、赤字が続いて資産が流出するだけの会社と見られれば金融機関の協力も得られにくくなる。

協議会手続に入った後、本業が振るわず、損益が一段と落ち込む相談企業も少なくない。元本の支払猶予を受け、資金繰りの心配が緩和した第二次対応の手続中こそ、本業に注力し、損益の悪化に歯止めをかけなければならない。

⑷ 代理人弁護士を信頼すること

代理人弁護士は、相談企業の代理人である。

協議会から代理人弁護士の紹介を受けた場合であっても、代理人弁護士は協議会の代理人ではない。協議会が結成する個別支援チームの専門家とは役割が異なる。個別支援チームの専門家は、公正・中立な立場から相談企業を「支援」するのに対し、代理人弁護士は相談企業を「代理」する。つまり、代理人弁護士は、完全なる相談企業の味方である。

会社の経営者は孤独である。しかも、相談企業は、窮地に陥っており、相談企業の経営者は、初めて経験する協議会手続に飛び込んでいくことになる。会社は大丈夫なのか、連帯保証人になっている自分はどうなるのか、家族の生活はどうなるのか、答えのない不安が頭から離れない。

協議会だけでなく、代理人弁護士も数多くの再生案件を取り扱っている。手続に精通しており、金融機関との交渉も経験している。相談企業の

経営者は、是非とも代理人弁護士を信頼し、頼っていただきたい。不安なことはすべて相談していただきたい。他の場では言えない本音、弱音も吐いていただきたい。

　その上で、代理人弁護士と一緒に手続の成立、相談企業の再生を目指す。相談企業の経営者と代理人弁護士の間に確固たる信頼関係があれば、手続成立の可能性は格段に高まる。これは、筆者の経験から確信をもって言えることである。

⑸　最後まであきらめないこと

　前述のとおり、協議会手続の支援対象は、「財務上の問題を抱えているが、事業の収益性が見込め、事業再生意欲を持つ中小企業」とされている。

　「事業再生意欲」を失えば、協議会手続の対象から外れてしまうことになる。それだけ「事業再生意欲」は重要なものと考えられている。

　相談企業の経営者は、「事業再生意欲」を持っているからこそ、協議会の門をたたく。しかし、その後の手続において、次々と厳しい局面が訪れることも多い。例えば、本業が思うようにいかない、金融機関から厳しい意見が出される、自身が考えていた再生の方向とは異なる方向に手続が進んでいるような気がする、といったことである。その中で、もう駄目なのではないかと考え、当初の「事業再生意欲」が薄れてしまうこともある。

　しかし、最後まであきらめないこと、絶対に手続を成立させ、会社を再生させるという気持ちを最後まで失わないことが重要である。

　手続成立に至った相談企業の経営者は、例外なく最後まで手続の成立、会社の再生を信じて動き続けた方々である。最後まであきらめず会社の再生を実現していただきたい。

（足立　学）

第5章

民事再生手続による事業継続及び債務整理

再建型手続の説明と手続選択の視点

　法的倒産手続は、手続開始とともにこれまで行ってきた事業を終了することを原則とする清算型手続と手続開始後も事業を終了せず引き続き継続していくことを原則とする再建型の手続がある。そして、清算型の代表的な法的手続は破産手続であり、再建型の法的手続としては民事再生法に基づく再生手続と会社更生法に基づく更生手続がある。

　再建型の手続である再生手続と会社更生を比較すると、再生手続は、誰でも利用でき、また手続開始後も引き続き従前の経営陣が業務遂行をし、財産を管理処分していくことを原則としている（民再38条1項）のに対し、更生手続は株式会社だけが利用でき、また開始決定後は裁判所が選任した更生管財人が業務遂行し、財産の管理処分をしていくことを原則としている（会更72条1項）。また、債務者の財産に対して設定されている担保権については、再生手続においては開始決定後に担保権を手続外で行使することが認められているのに対し（民再53条2項）、更生手続においては、開始決定後は担保権を行使することが制限されている（会社更生法47条1項）。

　以上のことから、破産手続、再生手続及び更生手続のいずれを選択するかを検討する際には以下の視点で検討することになる。

　まず、今後事業を継続していく意思がないまたは不可能と判断された場合には、清算型の手続である破産手続を選択することになる。

　次に、今後も事業を継続しながら再建していくことを目指す場合には再建型の手続を選択することになるが、このうち更生手続を使うことができるのは株式会社だけなので、株式会社以外の会社は再生手続を選択することになる。

　株式会社においては再生手続と更生手続のいずれかを選択することがで

きるが、まず従前の経営陣が手続開始後も引き続き事業遂行をしていくことを望む場合には、再生手続を選択することになる。他方、従前の経営陣に問題があり、開始決定後は管財人に業務遂行・財産の管理処分を委ねたほうが適切な場合、開始決定と同時に更生管財人が選任される更生手続が選択肢の一つとなるが、再生手続においても管理型の手続が用意されており（民再64条1項）、管理型の再生手続を選択することも可能である。

　最後に、担保権行使が制限された中での手続進行を希望するかどうかという選択の視点もある。更生手続においては、手続開始後の担保権行使が制限されるので、開始決定後、複数の担保権が行使されることにより事業継続がおぼつかない可能性が高い場合には、更生手続を選択することになる。一方、再生手続においては、手続開始後も担保権は手続外で行使をすることができる（民再53条2項）。これに対し再生債務者側も、担保権実行中止命令（民再31条）や担保権消滅許可請求（民再148条）等により、担保権の行使に対抗する手段を有しており、これらの対抗手段で対応可能と判断される場合には、担保権行使が予測される場合でも、再生手続を選択することもありうる。

破産手続・再生手続・更生手続の選択

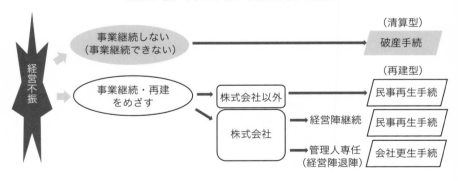

第 **2** 節

申立ての準備及び
申立後開始決定までの対応

第1　申立日を見据えた準備

　再生手続を利用すると決めたら、資金繰りと各債権者への弁済期を見据えて申立予定日を定めたうえで、そこから逆算して準備作業に取りかかることになる。

1 申立書等の必要書類の作成

(1)　民事再生手続開始申立書には、以下の記載をする必要がある（民事再生規則12条、13条）。

　① 申立人の氏名又は名称及び住所並びに法定代理人の氏名及び住所

　② 再生債務者の氏名又は名称及び住所並びに法定代理人の氏名及び住所

　③ 申立ての趣旨

　④ 再生手続の開始の原因となる事実

　⑤ 再生計画案の作成の方針についての申立人の意見

　⑥ 再生債務者が法人であるときは、その目的、役員の氏名、株式又は出資の状況その他の当該法人の概要

　⑦ 再生債務者が事業を行っているときは、その事業の内容及び状況、営業所又は事務所の名称及び所在地並びに使用人その他の従業者の状況

　⑧ 再生債務者の資産、負債（再生債権者の数を含む。）その他の財産の状況

　⑨ 再生手続開始の原因となる事実が生ずるに至った事情

⑩　再生債務者に労働組合又は従業員の過半数を代表する者がいる場合には、労働組合の場合にはその名称、主たる事務所の所在地、組合員の数及び代表者の氏名、代表する者がいる場合にはその氏名及び住所

⑪　社債権者の議決権の制限に関して社債管理者等がある場合にはその商号

⑫　再生債務者について、外国管財人との協力に関する外国倒産手続があるときはその旨

⑬　再生債務者が法人である場合において、その法人の設立又は目的である事業について官庁その他の機関の許可があったものであるときは、その官庁又はその他の機関の名称及び所在地

⑭　申立人または代理人の郵便番号及び電話番号、FAX 番号

(2)　また、申し立てる際は、申立書のみではなく、以下の書面を準備する必要がある（民事再生規則 14 条）

①　再生債務者が個人であるときは、その住民票の写し

②　再生債務者が法人であるときは、その定款又は寄附行為及び登記事項証明書

③　債権者の氏名、住所、郵便番号、電話番号及び FAX 番号並びにその有する債権及び担保権の内容を記載した債権者の一覧表

④　再生債務者の財産目録

⑤　再生手続開始の申立て日 3 年以内に法令の規定に基づき作成された再生債務者の貸借対照表及び損益計算書

⑥　再生債務者が事業を行っているときは、再生手続開始申立前 1 年間の再生債務者の資金繰りの実績を明らかにする書面及び再生手続開始申立の日以降 6 か月間の再生債務者の資金繰りの見込みを明らかにする書面

⑦　再生債務者が労働協約を締結し、又は就業規則を作成しているときは、当該労働協約又は就業規則

(3) 申立段階においては、再生計画案の提出は求められていないが、少なくとも再生計画案の作成の方針を申立書に記載することが求められているし、申立後に債権者説明会を開いた際に債権者から今後の見通しについて質問が出ることが予想されるので、それに対応できる程度の見通しは立てておくべきであるし、質問を予想してあらかじめ説明用の資料を作成しておくほうが望ましい場合も多いであろう。

❷ 申立費用や運転資金の準備

　再生手続申立てにあたっては、裁判所に予納金を納める必要がある。また申立てを弁護士に依頼する場合には弁護士費用も準備する必要がある。さらには、申立後は新たな借入や手形割引を受けることは難しくなるので、当面の運転資金も準備しておく必要がある。

　そのような資金を借入のある金融機関に預金しておくと、申立てに伴い相殺されたり凍結されたりするおそれがあるので、申立前に取引先からの売掛金の振込指定口座を借入れのない金融機関に変更したり、予納金等の費用に相当するものは早めに申立代理人に預けておく等の工夫が必要となる。

　例えば、東京地方裁判所における法人の場合の予納金の額は、負債総額に応じて以下のとおり定められている。

負債総額		基準額
5,000 万円未満		200 万円
5,000 万円	～1 億円未満	300 万円
1 億円	～5 億円未満	400 万円
5 億円	～10 億円未満	500 万円
10 億円	～50 億円未満	600 万円
50 億円	～100 億円未満	700 万円
100 億円	～250 億円未満	900 万円
250 億円	～500 億円未満	1,000 万円
500 億円	～1,000 億円未満	1,200 万円
	1,000 億円以上	1,300 万円

（東京地方裁判所民事第 20 部「民事再生事件の手続費用一覧」から抜粋）

予納金は一括して納付することが原則であるが、裁判所に相談することにより分割納付が認められる場合もあるので、上記金額を一度に準備できない場合は、分割納付も検討するとよいであろう。

❸ 裁判所への事前相談

東京地方裁判所においては、申立同日に監督命令（民再54条1項）を発令して監督委員を選任し、また弁済禁止の保全処分（民再30条）を発令して一部の債権を除き申立日の前日までの原因により発生した債権についての弁済を禁止する運用をとっている。

そのような対応を可能にするためには、申立以前に裁判所に相談し、事案を説明した上で、監督委員就任予定者から就任の内諾を得ておく等の対応をしておく必要がある。

第2　申立後の対応

再生手続の申立てをすると、その事実を知った従業員に動揺が広がり、また取引先は我先にと債権回収行為に走り、また金融機関も預金凍結や相殺対応等をすることが考えられるので、それを見据えて対応することが必要となる。

❶ 従業員対応

一部の信頼しうる従業員には、申立て前に秘密厳守の中で申立て作業に協力してもらうことになるが、多くの従業員はそのような準備がされていたことを知らずに申立ての事実を知ることとなり、これからどうなるのかと不安に感じる者が多いであろう。

そこで申立後、直ちに従業員に対して申立ての事実及び今後の流れの概要を説明し、開始決定が出ても事業は引き続き継続していくこと、従業員

の給与等の労働債権は開始決定後も支払いを受けられることを説明するのが良いであろう。その上で、申立てを知った取引先等からの問い合わせや債権回収行為に対応するために何をすべきかを説明し、適切な対応をお願いすることになる。その際は、対応マニュアルを作成して配布することが望ましい。

② 債権者説明会の開催

申立てを知った取引先や金融機関に対しては、再生債務者主催の債権者説明会を開催し、申立てに至った経緯や財務状況の説明、今後の業務の見通し、再生手続の概要や再生計画についての基本方針等を説明すべきであろう。その際は、申立日に監督命令と弁済禁止の保全処分が出ているのであれば、その旨を説明し、一定の行為については監督委員の同意を得る必要があること、申立日の前日までの原因により発生した債権については弁済できないが、裁判所が認めた一定の債権については弁済できることも説明すべきである。

③ 開始前債権の対応

再生債務者が再生手続申立て後再生手続開始前に資金の借入れ、原材料の購入その他再生債務者の事業の継続に欠くことができない行為をする場合には、裁判所は、その行為によって生ずる相手方の請求権を共益債権（**第4節**）とする旨の許可をすることができる（民再120条1項）。裁判所が監督委員に対し上記許可に代わる承認権限を付与した場合には、監督委員が承認することになる（民再120条2項）。

申立て後であっても、開始決定前の原因によって生じた債権は再生債権となるのが原則であるが（民再84条1項）、事業継続に欠かせない借入れや原材料の購入につき相手方の請求権を共益債権とすることで、資金繰りに苦しむ再生債務者の資金繰りに余裕を持たせ、また再生債権となるので

あれば取引に応じないという取引先に取引を継続してもらうことで再生債務者の事業継続を可能にならしめようとする趣旨である。

このように、申立後開始前の時期に借入れをすれば共益債権化を図る道が開けるのであるから、DIP ファイナンスを受ける必要がある際も、申立後開始決定前の時期に裁判所の許可または監督委員の承認を得ることにより共益債権化するのが良いであろう。

開始決定の効果

　債務者は、再生手続申立て前は、資金繰りに苦しみ、または債権者に対して約定どおりに支払えない結果複数の債権者から支払いの督促を受け、ある債権者からは仮差押えや仮処分がなされ、またある債権者からは訴訟を提起され、あるいは判決が確定したまたは執行認諾文言付公正証書等の債務名義に基づき強制執行を受ける状態にあったことが考えられる。

　再生手続が開始されると、再生債務者は、悩まされたこれらの事態から法の効果によって解放されることとなり、以後は開始決定前に原因で発生した過去の債務（再生債権）の処理は再生手続内の処理に委ねながら事業を継続して再建を図っていくことになる。以下、開始決定前に再生債務者が悩まされた状況を中心として、開始決定の効果を説明する。

⑴　弁済禁止（民再85条1項）

　再生手続が開始されると、再生債権については、特別の定めがない限り手続外で弁済をし、または弁済を受ける等の債務を消滅させる行為（ただし免除を除く）をすることはできない（民再85条1項）。

　偏頗な弁済[1]や抜け駆け的回収は再生債権者間の平等に反するので、再生手続が開始した後は、再生手続「外」の弁済を禁止し、再生債権者への配分は再生手続「内」で行われるものとして債権者間の平等を確保する趣旨であるが、再生債務者の側からすれば、開始決定前は約定債務の履行に追われ、なかには期限内に履行できずに債務不履行に陥り、「払わないこと」が違法となっていた状態から、法が弁済を禁止することにより、「払う」ことが違法となる結果、再生債権の弁済のため資金繰りに奔走する状態から解放されることになる。

1　偏って不公平な返済、すなわち特定の債権者のみへの返済や、優先して返済したりすること。

⑵　すでになされている強制執行等の中止と新たな申立ての禁止
（民再 39 条 1 項）

　開始決定に伴い、開始決定前になされている再生債権に基づく強制執行等は手続が中止され、また以後の新たな強制執行等の申立ては禁止される（民再 39 条 1 項）。これにより再生債務者は、債務不履行に伴いなされていた強制執行等への対応から解放され、また新たに強制執行等がなされるかもしれないという不安から解放される。

　ここで中止及び禁止となる「再生債権に基づく強制執行等」とは、再生債権に基づく強制執行のほか、仮差押え、仮処分、再生債権を被担保債権とする民事留置権の基づく競売も含まれる（民再 26 条 1 項 2 号）。

　他方、開始時に再生債務者の財産につき存する担保権については、手続外で権利行使をすることが許されるし（民再 53 条 1 項、2 項）、再生債権ではなく、一般優先債権及び共益債権に基づく強制執行等は開始決定に伴い中止となったり申立てが禁止されるわけではない。別除権の行使に対しては、再生債務者は個別に担保権の実行中止命令を申し立てたり（民再 31 条）、担保権消滅許可申立て（民再 148 条）をする等により対処することが必要であり、一般優先債権及び共益債権に基づく強制執行等に対しては、個別に中止又は取消を求める申立てをして対処することが必要となる（民再 121 条 3 項、122 条 4 項）。

⑶　訴訟手続の中断等（40 条 1 項）

　再生手続が開始したときは、再生債務者の財産関係の訴訟手続のうち再生債権に関するものは中断する（民再 40 条 1 項）。再生債権は、再生手続内でその内容等につき調査・確定する手続が用意されており、手続が開始された以上はその用意された手続により再生債権を調査確定していくべきだからである。

　ただし、管理型の手続が開始したときは、上記の再生債権に関するものだけでなく、財産関係の訴訟手続のうち、再生債務者を当事者とする訴訟も中断する（民再 67 条 2 項）。管理型の手続ではない場合は、開始決定後

も再生債務者が引き続き財産管理権を有するので（民再38条1項）、再生
債務者の財産関係の訴訟については、前記の再生債権に関するもの以外
は、引き続き再生債務者が遂行していけば良いが、管理型の手続が開始さ
れた場合には、再生債務者財産の管理処分権は管財人に専属することとな
るため（民再66条）、再生債務者を当事者とする財産関係の訴訟は一度中
断し、管財人に受継するか否かの判断（民再67条3項）を委ねる趣旨で
ある。

再生債権、共益債権及び一般優先債権

　再生手続開始後、再生債権については原則弁済が禁止され（民再85条1項）、手続内で調査確定された後再生計画に基づく弁済により割合的配分がなされるのに対し、一般優先債権及び共益債権については手続外での随時弁済が認められるので（民再121条1項、122条2項）、再生債権か一般優先債権または共益債権にあたるかで、債権の扱いに大きな違いが生じることとなる。

1　再生債権

(1)　再生債権の要件

　再生債権は、再生債務者に対し再生手続開始前の原因に基づいて生じた財産上の請求権である（民再84条1項）。すなわち、開始決定時を基準として、それよりも「前」の「原因」によって生じた「財産上の請求権」が再生債権となる。

ア　前に生じた原因

　原因が開始決定前に生じていれば、開始時に期限が到来していない債権や条件が成就していない条件付債権、将来の請求権も再生債権となる。また、開始決定前に権利発生に必要となるすべての事実が発生していなくても、主要な事実が発生していれば再生債権となる。

イ　財産上の請求権

　財産上の請求権には、金銭債権のみならず、サービスを受ける権利等の作為請求権も含まれる。しかしあくまで「財産上」の請求権、すなわち再生債務者の財産によりその目的が達成される請求権であることが必要なの

で、不作為請求権や社団上の請求権に過ぎない株主の自益権[2]、共益権[3] は財産上の請求権にはならない。

ウ　人的請求権であること

物権的請求権等は取戻権（民再52条1項）となり、再生債権とはならない。再生債権は、再生債務者の一般財産を引当とする人的請求権である必要がある。

エ　執行可能性

再生手続は、個別的な強制執行を禁止する一方で（民再39条1項）、集団的に裁判上の「強制」処理を進める手続であるから、再生債権といえるためには強制執行が可能な債権である必要がある。

したがって、不法原因給付[4] の請求権（民法708条）等の自然債務は強制執行可能性がないので再生債権にはならない。

(2)　弁済禁止とその例外

ア　弁済禁止

再生債権については、原則として弁済が禁止される（民再85条1項）。再生債権については、手続内での権利行使が認められるに過ぎず、手続内で債権の内容を調査・確定したうえで確定した再生計画において認められた分のみ再生計画に従って弁済を受けることになる。

イ　弁済禁止の例外

ただし、法は以下の場合に弁済禁止の例外を認め、裁判所の許可を得たうえで弁済することを認めている。

(ア)　連鎖倒産の防止（民再85条2項）

再生債務者を主要な取引先とする中小企業が、その有する債権の弁済を受けなければ事業継続に著しい支障を来すおそれがあるときは、裁判所は、再生債務者等の申立て又は職権でその全部又は一部の弁済を許可

2　経済的利益を受けることを目的とする権利。
3　議決権等の運営に参与する権利。
4　賭博に負けて金を払う等、不法の原因に基づいてされた給付

することができる（民再85条2項）。

　再生債務者からの弁済を許可することで、その取引先である中小企業の連鎖倒産を防ぐ趣旨である。

(イ)　少額債権の例外1－手続円滑化（民再85条5項前段）

　少額債権を弁済することにより、手続を円滑化することができる場合には、裁判所は、再生債務者等の申立てによりその弁済を許可することができる。再生債権者は、手続開始後は個別強制執行が禁止される中（民再39条1項）、手続内での集団的処理がなされる上では平等に扱われることが必要であり、再生計画案の内容又はその要旨を記載した書面を少額債権者も含めたすべての届出再生債権者に送付することが必要となる（民再169条3項、115条1項本文）。また、可決要件との関係では再生債権額の総額要件のみならず一定の頭数の債権者が賛成することが必要となので（民再172条3第1項）、再生債務者等としても、賛成票を得るために少額の再生債権者の扱いを疎かにすることはできない。そのような中、一定額以下の少額債権を弁済すれば、再生債権者の数が減り、事務処理面等において手続を円滑に進めることができるようになるので、法は裁判所の許可のもと、例外的に弁済をすることを認めている。

　申立後開始決定までの間、申立前の原因によって生じた再生債権については、弁済禁止の保全処分（民再30条）が出されるのが通常だが、その例外として10万円以下等の少額債権については弁済することが許されることが多い。ただし、弁済禁止の保全処分は開始決定が出るまでの間しか効力がないので、その間に支払わない場合には、開始決定後は弁済が禁止されることになるが、あらためて同額について民事再生法85条5項前段に基づき裁判所を許可を得れば、弁済をすることが可能になる。

(ウ)　少額債権の例外2－事業継続のため（民再85条5項後段）

　少額の再生債権を早期に弁済しなければ再生債務者の事業継続に著しい支障を来すときは、裁判所は、再生債務者等の申立てにより弁済を許可することができる。

代替の効かない重要な取引先が、再生債権を支払わなければ取引を打ち切ると言っているような場合がこれに当たる。

❷ 一般優先債権

一般優先債権は、一般の先取特権その他一般の優先権がある債権が該当する（民再122条1項）。

一般の先取特権（民法306条）となるのは、共益費用（同条1号）、雇用関係（同条2号）、葬式の費用（同条3号）及び日用品の供給（同条4号）を原因として生じる債権であるが、このうち雇用関係によって生じる債権、すなわち給与等の労働債権が再生手続上一般優先債権となる典型例であろう。

その他一般の優先権がある債権には、企業担保権で担保される債権（企業担保法2条）と租税債権（国税徴収法8条）がある。なお、地方税法や健康保険法、国民年金法、厚生年金保険法等の国税以外の公租公課に関する法規においては、国税徴収法の例により徴収する旨の規定が置かれており、国税のみならず、地方税、健康保険料等の債権についても一般優先債権となる。

一般優先債権は、再生債権とは異なり、その原因の発生時期が開始前後のいずれかを問わない。

また、一般優先債権は、再生債権と異なり、手続外で随時弁済を受けることが認められる（民再122条2項）。

一般優先債権に基づく強制執行等は再生手続が開始されても中止にならないし、開始決定後の申立ても禁止されない（民再39条1項は、「再生債権に基づく」強制執行等に関する規定である）。滞納処分等も同様である。一般優先債権に基づく強制執行等は再生債務者等の申立て又は職権で中止することができるが（民再122条4項、121条3項）、滞納処分は「強制執行」ではないため、中止命令の対象にもならない。

❸ 共益債権

　共益債権は、主として再生手続開始後に、民事再生法119条1〜7号に定められた原因により発生した債権が該当する。

　裁判上の費用の請求権（同条1号）、再生債務者の業務、生活並びに財産の管理及び処分に関する費用の請求権（同条2号）、再生計画の遂行に関する請求権（同条3号）、再生債務者財産に関し再生債務者等が再生手続開始後にした資金の借入れその他の行為によって生じた請求権（同条5号）、事務管理又は不当利得によって再生手続開始後に生じた請求権（同条6号）、再生債務者にために支出すべきやむを得ない費用の請求権（同条7号）等がこれにあたる。

　その他、双方未履行双務契約[5]において再生債務者等が履行を選択したときの相手方が有する請求権（民再49条4項）、解除を選択したときに反対給付が再生債務者財産に現存しない場合の価額返還請求権（民再49条5項、破54条2項）、開始前債権（民再120条）、社債管理者の費用請求権（民再120条2）等も共益債権となる。

　共益債権は、再生債権と異なり、手続外で随時弁済を受けられる（民再121条1項）。

　共益債権に基づく強制執行等は再生手続が開始されても中止にならないし、開始決定後の申立ても禁止されないのは一般優先債権と同様である。ただし、再生債務者等の申立て又は職権により、共益債権に基づく強制執行等を中止することができる（民再121条3項）。

5　双務契約とは、売買契約における買主の代金支払債務と売主の物の引渡債務のように当事者の双方が相互に対価的関係にある債務を負担する契約をいう。そのような双務契約について、開始決定時に双方の債務の履行が完了していない状態にあることをいう。

第5節

担保権への対応

　再生手続においては、開始決定時に再生債務者財産に対して担保権を有している者は別除権者として扱われ、開始決定後においても、手続外で担保権を行使できる（民再53条1項）。担保権の被担保債権に関しては、開始決定が出ると弁済禁止となり（民再85条1項）、また強制執行等が禁止されるので、再生債権者は再生債務者に対して弁済を求めたり、支払わないことを理由として仮差押え、仮処分、強制執行等をすることはできないが、担保権を行使することは認められている。保証や連帯保証等の人的担保とともに、債務者が支払えなくなったときに備えて取得するのが担保であり、再生手続という法的倒産手続の開始は、まさに担保が担保として機能すべき場面といえ、それゆえ法も担保権者に手続外での権利行使を認めているといえる。

　一方再生債務者は、再建型手続である再生手続においては開始決定後も事業を継続している（民再38条1項）。その中で担保権者に担保権を実行されたら、事業継続をする上で不可欠な再生債務者財産（製造業者における工場等）を失ったり、取引先に対する売掛金が担保に供されている際に担保権が実行されたら資金繰りに窮することとなり、事業継続が困難となる事態が生じることもある。

　そこで再生債務者は、法が認めている防御手段等を用いて、担保権の行使に事前又は事後的に対応していくこととなる。

① 担保権の実行手続中止命令

　担保権行使の対抗手段として、まずは担保権者が実行した担保権について、裁判所に中止命令を求めることが考えられる（民再31条）。

中止命令が申し立てられるのは、被担保債権が再生債権の場合であり、被担保債権が一般優先債権または共益債権のときは申し立てることはできない（民再31条1項但書）。

31条の文言上は、「競売申立人」（民再31条2項、同条4項）とされ、立法時点では抵当権等の競売手続で用意されている担保権をイメージしているものと考えられるが、競売以外の方法による担保権の実行についても中止命令を申し立てることができる。

またそうなると、例えば集合債権譲渡担保における担保権の「実行」は譲渡人からの取引先への通知（民法467条）または債務者に対する登記事項証明書の交付による通知（動産及び債権の譲渡の対抗要件に関する民法の特例等に関する法律4条2項）で完了することを考えると、競売のように申立てから手続完了までに時的な幅がない担保権の実行に関しては、申立「後」に「中止」をすることを認めるだけでは担保権の実行を阻止できないことになる。

そこで、再生債務者等に別除権に対抗する手段を与えようとする法の趣旨からすれば、申立「後」の「中止」のみならず、申立「前」の「禁止」を求めることも可能であると考えるべきである。その場合、法は中止命令を発するときは「競売申立人」（すなわち担保権者）の意見を聴取しなければならないと定めているところ（民再31条2項）、実行「前」の「禁止」を求めるにあたり、命令発令前に担保権者の意見を聴取するために担保権者に連絡をすれば、再生債務者等が禁止命令を求める動きをしていることを担保権者が知ることになり、結果として発令前に担保権の「実行」がされてしまうことになりかねない。したがって、現行法を前提とすれば意見聴取をすることは必須であるが、法は「事前の」聴取が必要とは定めていないので、禁止命令の場合には、命令発令「後」に意見聴取をするべきであろう。

中止（禁止）命令においては、相当の期間が定められる（民再31条1項）。その期間に再生債務者等は、担保権者と交渉をして合意形成をする努力をすることになる。努力が実ったら、別除権協定を締結し、実らなかったら担保権消滅許可申立てを検討することになる。

❷ 別除権協定

　再生債務者等としては、弁済禁止（民再85条1項）となっている再生債権と違い、担保権は別除権として手続外行使が認められているので（民再53条2項）、開始決定後、担保権者がいつ担保権を実行してくるか不安な状態に置かれることとなる。

　他方担保権者は、再生手続開始後に担保権実行が認められているものの、それにより回収できるのは担保の対象としていた物の価値相当分に過ぎず、担保権実行により回収できない分は手続内で弁済を受けられるに過ぎない（民再108条、182条）。一方、再生債務者等が行う任意売却に同意したほうが結果として回収額が多くなる可能性もあり、別除権者として手続開始後も担保権を実行することが認められているからと言って（開始決定後直ちに担保権を実行しても）必ずしも回収額が多くなるわけではない。

　また担保権者としては、担保権実行により回収できない不足額分を再生債権として手続内で弁済を受ける際には不足額が確定している必要があるが（民再182条）、担保権を実行せずに不足額を確定させるためには、再生債務者等との間で不足額を合意によって確定させる必要がある。

　そこで、再生債務者等と別除権者は、①担保権が価値を把握している額を合意により確定した上で、②その価値把握部分についての弁済方法を合意により定め、③再生債務者が②の合意に従って弁済をしている間は、担保権を実行しないことを骨子とする別除権協定を目指して交渉することとなる。

　その協定を結ぶにあたっては、まずは担保権の対象となっている物を評価した上で担保権者が価値を把握している部分（その裏側が不足額部分）の価額を算定する必要があるが、その評価は原則として財産を処分するものとして行う必要がある（財産評定に関し民事再生規則56条1項、価額決定請求に関し同79条1項）。処分価額の意義については、競売価額と考える立場と早期売却価額と考える立場があるが（伊藤眞『破産法・民事再生法（第4版）』（2018年12月25日、有斐閣）1046頁）、別除権協定はあくまで

も当事者間の合意により成立するものである以上、再生債務者等と担保権者は、合理的な評価資料をもとに合意形成を努力することとなる。

　合意ができたら、両者の互譲により成立したものであることから和解が成立したといえる。和解は、裁判所の許可事由となっている場合には、裁判所の許可を得る必要がある（民再41条1項6号）。また、和解が監督委員の同意事項とされている場合には監督委員の同意を得る必要がある（民再54条2項）。

❸ 受戻し

　2で説明した別除権協定の典型例は、担保価値把握部分について分割払いをすることを前提としたものであったが、価値把握部分を一括して支払う場合には、その後の担保権の不実行について合意をする必要がなくなる。

　そこで、再生債務者等と担保権者との間で、担保権者の価値把握部分を一括払いをすることで担保権を消滅させることに合意すれば、受戻しによって担保権が消滅することになる。

　なお、裁判所が受戻しについて裁判所の許可事由と定めれば、再生債務者等は受戻しをするにあたり裁判所の許可を得る必要があるし（民再41条1項9号）、実務上受戻しは監督委員の同意事項とされていることが多いので（民再54条2項）、その場合は監督委員の同意を得る必要がある。

❹ 担保権消滅許可申立て

　再生債務者等と担保権者との間で話し合いがつかない場合について、法は担保権消滅許可制度を用意している（民再148条以下）。

　再生債務者等は、担保権が設定されている財産が、再生債務者の事業の継続に欠くことができないものであるときは、再生債務者等は、裁判所に対し、当該財産の価額に相当する金銭を納付して当該財産に存するすべて

の担保権を消滅させることについての許可の申立てがができる（民再148条1項）。

　この申立てにおいては、価額に相当する金銭を納付することが必要なので、その金銭を用意できなければこの申立てはできない。

　担保権者は、再生債務者等が主張する価額について異議があるときは、価額決定請求をしてその額を争うことができる（民再149条）。

　担保権者から上記請求がなされた場合には、裁判所は評価人を選任して評価を命じ、それをもとに裁判所は価額決定を出す（民再150条）。

　再生債務者等が価額に相当する金銭を納付した場合には、担保権は消滅する（民再152条2項）。

再生債務者財産の管理

① 再生債務者による再生債務者財産管理の意義

　再生手続においては、開始後も原則として再生債務者が業務遂行を行い、財産の管理処分を行うことになる（民再38条1項）。

　開始決定後の再生債務者財産は、業務遂行に関係するものはそれを適切に維持管理していく必要があるし、業務遂行を行うことにより生まれる利益は、再生債権者に対する弁済原資になりうる。また業務遂行に不要なものは換価処分して管理費用を軽減することができるし、換価処分で得られた対価も再生債権者に対する弁済原資となりうる。

　その意味で、再生債務者が開始決定後に適切に再生債務者財産を適切に管理していくことは、再生債務者自身にとって必要なことであるとともに、再生債権者にとっても弁済原資の確保という意味で必要なものと言うことができる。

② 事業譲渡

　再建型手続においては、開始決定後も事業を継続していくこととなるが、再生債務者が自ら業務遂行・財産管理をしていく中で、不採算部門については一部の事業譲渡をして収益を向上させる対応をすることも考えられる。

　究極のコストカットは一部ではなく事業の全部譲渡をすることであるが、全部譲渡をすると以後再生債務者は事業を行うことができなくなるが、法は裁判所の許可によって一部のみならず全部の事業譲渡を行うことを認めている（民再42条）。

なお、全部譲渡がなされた場合には、譲渡により得られる対価を再生債権者に対し再生計画に基づき弁済して割合的に配分することで手続は終了することになるので、事業譲渡を行うのか否か、行うとして全部なのか一部なのかという判断は、再生債権者に対し再生計画においてどのような弁済するのかという検討と不可分一体なものとなる。したがって、再生計画において収益弁済をしていくことが厳しいという見立てが先にあって、そうであれば全部の事業譲渡をすることもやむを得ないという順番で判断がなされることもあるであろう。

(1)　裁判所の許可に基づく事業譲渡

　再生債務者等は、再生手続開始決定後、事業の再生に必要なときには裁判所の許可を得て事業の一部又は全部の譲渡ができる（民再 42 条 1 項）。法は「再生手続開始後」と明記していることからすると、申立後開始決定前の時期は 42 条に基づく事業譲渡はできないというべきであろう。

　裁判所は、許可をするにあたっては、知れたる再生債権者の意見聴取をする必要がある（民再 42 条 2 項）。ただ、あくまでも意見聴取なので、聴取の際、一部の再生債権者が強硬に債権譲渡に反対していても、裁判所は自らの判断で許可を出すことができる。東京地裁では、意見聴取期日を開く運用をしている。

　また裁判所は、労働組合等の意見も聴取する必要がある（民再 42 条 3 項）。

(2)　株主総会に代わる代替許可

　再生債務者が債務超過の場合は、裁判所は会社法所定の株主総会の決議に代わる許可を出すことができる（民再 43 条 1 項）。債務超過に陥っている場合には、株主の自益権等の価値は実質的に失われているといえる状況にある中で、一定数の株主が事業譲渡に反対して会社法の特別決議の可決要件を満たすことが困難であるという状況にある場合に、株主総会の決議を経なくても事業譲渡が可能となるよう法が認めたものである。

裁判所が代替許可を出したときは、裁判所は再生債務者等に対しては決定書を、株主に対しては決定の要旨を記載した書面を送達しなければならない（民再43条2項）。

　株主は、代替許可の決定に不服がある場合には即時抗告ができる（民再43条6項）。

❸ 事業譲渡以外の組織再編

　法は事業譲渡については上記のとおり裁判所の許可による実行を認めているが、それ以外の組織再編については規定していない。

　この点、会社分割は事業譲渡と実質的な効果は同じであるにもかかわらず、再生手続上に規定がなされていないため、会社法上の手続を履践されれば、事業譲渡と異なり裁判所の許可もなく、また再生債権者等の意見聴取もなされずに実施できてしまうことになる。

　そこで、例えば東京地裁では、再生手続開始決定時に会社分割を裁判所の許可を要する行為として指定し（民再41条1項10号）、また裁判所主催の意見聴取期日は開催しないものの、監督委員同席による債権者説明会の開催を求める運用をしている（永谷典雄ほか『破産・民事再生の実務（第4版）』（2020年10月28日、金融財政事情研究会）150頁）。

第7節

債権調査

　再生手続が開始すると、再生債権は弁済が禁止され（民再85条1項）、再生債権者は原則として権利行使が手続内のみに制限される。

　そして再生債権者が手続内で権利行使をするのは、主に債権者集会における議決権の行使の場面と再生計画に基づき弁済を受ける場面であり、手続内のみ権利行使が許される再生債権者にとっては、再生債権及び議決権の額は、弁済額及び議決権の行使において重要な意味を持つ。

　再生手続において、再生債権の額及び議決権額を定めるのは以下の手続による。

1 届出

　再生債権者は、開始決定時に定められる届出期間内に再生債権の内容及び原因、議決権の額等を裁判所に届け出なければならない（民再94条1項）。また、別除権者は、上記のほかに別除権の目的である財産及び別除権の行使によって弁済を受けることができないと見込まれる額を届け出なければならない（民再94条2項）。

　再生債権者がその責めに帰することができない事由によって債権届出期間内に届出をすることができなかった場合には、その事由が消滅した後1か月以内に限り、届出の追完をすることができる（民再95条1項）。届出の追完は、再生計画案を付する旨の決定をした後はすることができない（民再95条4項）。

　再生債権者が一度届出をした後、その責めに帰することができない事由によって届出内容を変更しようとする場合には、他の再生債権者の利益を害する場合は、届出の追完と同様、責めに帰することができない事由が消滅した後1か月以内に限り変更の届出をすることができる（民再95条5項）。

❷ 調査

　再生債権者が行った届出をした後、再生債権の調査が行われる。

　調査は、再生債務者等が作成した認否書並びに再生債権者及び再生債務者（管財人が選任されている場合に限る）の書面による異議に基づいて行われる（民再100条）。

(1)　認否書による認否

　再生債務者等は、債権届出期間内に届出があった再生債権について、その内容及び議決権についての認否を記載した認否書を作成しなければならない（民再101条1項）。再生債権の額だけではなく、合わせて議決権の額についても認否をする必要がある。後述するとおり、再生債権の額と議決権の額は、確定するための手続に違いがあるため、その2つは別々に認否することが求められている。

　再生債務者等は、認否書作成時に再生債権者の責めに帰することができない事由消滅後に追完された再生債権または届出内容が変更された再生債権があるときは、その内容及び議決権についての認否を認否書に記載することができる（民再101条2項）。

　再生債権者は、届出がされていない再生債権を知っている場合には、当該再生債権について、自認する内容等を認否書に記載しなければならない（101条3項。いわゆる自認債権）。自認債権を認否書に記載しなければならない旨の規定は、破産法や会社更生法にはなく、再生手続特有の制度である。

　自認債権については、届出をした再生債権者と同様、再生計画に基づき弁済を受けられるが議決権を行使することはできない。したがって、権利行使を確実にするためには、やはり届出をしておく必要があるであろう。

　再生債務者等は、開始決定時に定められた一般調査期間前の裁判所の定める期限までに認否書を裁判所に提出しなければならない（民再101条5項）。

届出がされた再生債権の内容又は議決権につき、認否書に記載しなかった場合には、これを認めたものとみなされる（民再101条6項）。したがって、再生債務者等は、認否漏れがないよう注意する必要がある。

(2)　書面による異議

　再生債務者等が認否書を裁判所に提出した後、届出再生債権者は、開始決定時に定められる一般調査期間内に、裁判所に対し、認否書に記載された再生債権（自認債権を含む）の内容または議決権の内容について書面で異議を述べることができる（民再102条1項）。

　自らが届出をした再生債権について認めない旨の認否がされたときは、再生債権者は後に述べる査定の申立て（民再105条1項）をしてその手続で争えばよいので、異議を述べるのは、他の再生債権の内容または議決権の関する認否書の記載（例：すでに弁済を受けた再生債権者の届出につき認める旨の認否がされている場合）を争う場合となる。

　届出再生債権者は、異議を述べる前提として認否内容を確認する必要があるが、記録を閲覧謄写（民再16条1項、2項）することにより把握することができる。

　管財人が選任されている場合には、再生債務者も異議を述べることができる（民再102条2項）。管財人が選任されていない場合には、再生債務者が認否書を作成し提出しているので、自らが行った認否に対して異議を述べる必要はないが、管財人が選任されている場合の認否書の作成・提出者は管財人なので、管財人が行った認否について再生債務者が異議を述べることはあり得ることから、この場合は再生債務者も異議を述べることができるとされている。

❸ 確定

(1) 争いがなかった場合

再生債権の調査において、再生債務者等が認め、かつ、調査期間内に届出再生債権者の異議がなかったときは、再生債権の内容または議決権の額は確定する（民再 104 条 1 項）。

裁判所書記官は、再生債権の調査の結果を再生債権者表に記載しなければならず（民再 104 条 2 項）、その記載は再生債権者全員に対して確定判決と同一の効果を有する（民再 104 条 3 項）。

(2) 再生債権の内容について争いがあった場合

一方、争いがあった場合には、再生債権の内容と議決権とでは確定手続が異なっている。

ア 査定申立て

再生債権の調査において、再生債権の内容について再生債務者等が認めず、または届出再生債権者が異議を述べた場合には、当該再生債権を有する再生債権者は、その内容の確定のために当該再生債務者等及び異議を述べた届出再生債権者全員を相手方として裁判所に査定の申立をすることができる（民再 105 条 1 項）。

条文上、「再生債権の内容について」と明記されている以上、議決権については査定申立ての対象とはならない。

査定の申立ては、調査期間の末日から 1 か月の不変期間内[6]にしなければならない（民再 105 条 2 項）。

裁判所は、査定の申立てがなされた場合には、申立てを不適法として却下する場合を除き、査定の裁判をしなければならない（民再 105 条 3 項）。査定の裁判をする場合には、異議者等を審尋する必要がある（民再 105 条 5 項）。

6　民事訴訟法上、法定期間のうち法律で特に不変期間とする旨を規定しているもの。

査定の裁判の裁判書は、当事者に送達しなければならない（民再105条6項）

イ　異議の訴え

　査定の申立ての裁判に不服がある者は、裁判書の送達を受けた日から1月の不変期間内に異議の訴えを提起できる（民再106条1項）。査定の裁判は簡易迅速に権利を確定するために決定でなされるが、それに不服がある者に異議の訴えを認めることにより裁判を受ける権利（憲法32条）を保障している。

　異議の訴えは、これを提起する者が異議等のある再生債権を有する者であるときは異議者等の全員を、異議者等であるときは当該再生債権者をそれぞれ被告とする（民再106条4項）。

　異議の訴えの判決は、訴えを不適法とする場合を除き、査定の申立ての裁判を認可し、または変更する（民再106条7項）。

(3)　議決権について争いがあった場合

　議決権について争いがあった場合には、前述のとおり、法は以上の査定の申立て、異議の訴えを経て確定することを予定していない。

　議決権の額の定め方は、再生計画案の決議において債権者集会が開かれるか否かによって異なる。

　債権者集会が開かれる場合は、再生債務者等又は再生債権者は、確定していない届出債権者の議決権について異議を述べることができる（170条1項）。そこで異議が述べられなかった場合には、結局議決権は届出額で確定する（民再170条2項2号）。異議が出た場合には、裁判所が議決権額を定める（民再170条2項3号）。

　債権者集会が開かれない場合には、確定していない届出債権者の議決権額は裁判所が定める（民再171条1項2号）。

再生計画案作成

　再生債務者等は、債権届出期間満了後の裁判所が定める期間内に再生計画案を作成して裁判所に提出する必要がある（民再163条1項）。

　再生債務者からすれば、弁済額はなるべく少ないほうが資金繰り的にも楽であるが、一方で、再生計画案については一定数の再生債権者に同意してもらう必要があり（民再172条の3第1項）、賛成してもらうためにはできる限り弁済額を多くする必要がある。そこで、多数の再生債権者に賛成してもらえるよう弁済額を多くしつつも、遂行可能な弁済額となるように、今後の事業計画を立て、将来の損益を予想したうえで弁済額を算出する作業を行っていくことになる。

　なお、再生計画案は再生債権者も提出できるので（民再163条2項）、複数の再生計画案が提出されることもありうる。その場合には、他の再生計画よりも再生債権者からの同意を得られるものにする必要が出てくるので、なお一層、内容を綿密に練っていく必要が出てくる。

❶ 弁済原資

　再生債権者に対する弁済の原資となるのは、大きく分けて①事業を継続しながら生じる収益を原資とする場合、②事業譲渡をしたり、不要な資産を売却することによって得られる対価を原資とする場合、③スポンサー等からの借入れや出資金を原資にする場合がある（併用もありうる）。

　①の収益弁済が可能になるためには、売上を増やすか費用を削減するか、もしくはいずれも行うかが必要であるが、それを検討する上では、予想損益計算書を作成して将来の数値を予測していくことが必要であろう。

　②の事業譲渡等の対価を原資とする場合、全部の事業譲渡をすれば、あ

とは譲渡により得る対価を再生債権者に弁済して再生債務者自身は清算ということになるが、一部の事業譲渡や不要資産の売却の場合には、他の弁済原資と併用しつつ弁済計画を立てることとなるであろう。

　③のスポンサーからの借入や出資金については、借入をする際は、再生手続中の再生債務者に対する貸付である以上、金利等の条件については通常の場合よりも不利となる可能性が高いので、それも踏まえて借入をするか否かを検討すべきであろう。出資を受ける場合には、以後スポンサーが株主となるので、以後はスポンサーの意向も確認しながら事業を行うことになる（場合によっては、従前の経営陣は退任し、スポンサーの意向を受けた新たな取締役等が選任されることもありうる）。そこまでも見据えた上で、借入や資金提供を受けるか否かを決める必要がある。

❷ 再生計画案の記載事項

(1) 必要的記載事項

　再生計画案には、

① 　再生債権者の権利の変更に関する条項

② 　共益債権及び一般優先債権の弁済に関する条項

③ 　知れたる開始後債権があるときは、その内容

を記載しなければならない（民再154条1項）。

ア　再生債権者の権利変更に関する条項

　再生債権者の権利変更に関しては、債務の減免、期限の猶予その他の権利変更に関する一般的基準を定めなければならない（民再156条）。

　債務の減免に関しては、「○○％に相当する金額に免除を受ける」旨記載することが一般である。その際、額に応じて弁済率に差を設けても、法が衡平の観点から差を設けることを許容するものとして「少額債権」を明記していること（民再155条1項但書）からして許されると解されるが、例えば単に100万円未満は免除無し、100万円以上は10％弁済と定めると、99万円の債権を有する再生債権者は99万円の弁済を受けられるの

に対し、100万円の債権を有する再生債権者は10万円の弁済しか受けられないことになり、基準の境目において、多額の債権を有していた者のほうが弁済を受けられる額が少なくなるという逆転現象が生じることとなる。そのような逆転現象が生じないようにするためには、1つの債権について、一定額ごとに弁済率を変える方法にすることが考えられる。

　また、開始後に発生する利息・損害金についても、法155条1項但書が衡平の観点から差を許容するものとして明記していることからすると、全額免除を受ける旨の定めを置くことも許されると解される。

　期限の猶予については、再生計画における弁済期間は原則として10年とされている（民再155条3項）。したがって、将来の収益を原資として弁済する場合は、最長10年の分割弁済ができることから逆算して、遂行可能な弁済率を定めていくことになる。なお、特別の事情があるときには10年を超えることも許されている（民再155条3項）。

　未確定な再生債権については、再生計画に適確な措置を定める必要がある（民再159条）。通常は、「確定したら一般基準に従って弁済する」旨定めることになる。また、別除権者は、不足額について「見込み」で届出をし（民再94条2項）、認否も見込みで行われているが、弁済を受ける際には不足額が確定していることが必要である（民再182条）。そこで再生計画案作成時に不足額が確定していない別除権者についても、将来不足額が確定して弁済が受けられる状態になったときに備えて、適確な措置を定めることが求められている（民再160条1項）。この場合も、「確定したら一般基準に従って弁済する」旨の定めになることが通常である。なお、根抵当権については、極度額を超える部分が不足額となる蓋然性が高いことから、仮払いの条項を定めることができる（民再160条2項）。

　権利を変更する条項については、届出再生債権者及び自認債権者の権利のうち変更されるべき権利を明示し、かつ一般の基準により変更された権利の内容を定めなければならない（民再157条1項）。通常は、再生計画の別紙として再生債権者名、確定した再生債権額及び権利変更後の弁済額を記載することになる。

イ　共益債権及び一般優先債権の弁済に関する条項

　共益債権及び一般優先債権が絶対的記載事項とされている趣旨は、再生計画に基づく再生債権者に対する弁済への影響の有無の判断材料とするためである。そのため、その記載は過去に発生したもの（例えば、開始決定後の再生債務者の業務に関する費用（民再119条2号）に該当する共益債権）を記載する必要ななく、通常は、「○月○日以降に発生する共益債権（or一般優先債権）は随時弁済する」旨の記載をすれば足りる。ただし、絶対的記載事項としている趣旨からすれば、特別な業務を行うことにより多額となることが見込まれる共益債権や、大規模なリストラに伴い発生する退職金債権（業務に関する費用として共益債権と位置付ける説と雇用関係に関する一般の先取特権であるとして一般優先債権に位置づける説がある）、多額の公租公課については、債権者数や額を明記した上で随時弁済する旨の記載をすべきであろう。

ウ　開始後債権

　開始後債権は、再生手続開始後の原因に基づいて発生した財産上の請求権であるが（民再123条1項）、再生債務者が開始決定後に行った業務や財産の管理処分によって生じる費用は共益債権となるので（民再119条2号）、開始後債権が発生することは稀である。ただし、そのような発生することが稀である開始後債権が発生したときは、その内容を記載することが求められている。

　なお、開始後債権は、再生債権について定められた一般的基準による減免の対象とはならないが、弁済時期については再生債権者への弁済が完了するまでは弁済は受けられないとされている（民再123条2項）。

　最後に、債権者委員会が設置されたときに、再生債務者がその費用の全部又は一部を負担するときは、その負担に関する条項を定める必要がある（民再154条2項）

(2) 任意的記載事項

任意的記載事項としては、以下のものがある。

① 自己株式の取得に関する条項（民再 154 条 3 項、161 条 1 項）

② 株式の併合に関する条項（民再 154 条 3 項、161 条 2 項）

③ 資本金の額の減少に関する条項（民再 154 条 3 項、161 条 3 項）

④ 発行する株式の総数についての定款の変更に関する条項（民再 154 条 3 項、161 条 4 項）

⑤ 募集株式を引き受ける者の募集に関する条項（民再 154 条 4 項、162 条）

これらの事項については、再生計画に記載した場合には、その確定によって効力が生じ、計画の遂行可能性（民再 174 条 2 項 2 号等）の判断の際にも、再生債権者に対する弁済の遂行可能性とともに判断されることになる。

❸ 再生計画案の提出時期

冒頭で述べたとおり、再生債務者は裁判所が定める期間内に再生計画案を提出する必要があるが（民再 163 条 1 項）、申立後債権届出期間満了前の時期に事前提出することもできる（民再 164 条 1 項）。逆に、裁判所が定めた期間内に再生計画案を提出できそうにない場合には、申立てにより提出期間を伸長してもらうこともできる（民再 163 条 3 項）。ただし、伸長は特別な事情がある場合を除き 2 回を超えてすることができない（民再規 84 条 3 項）。

第9節

再生計画の決議・認可

❶ 付議決定

　裁判所は、再生計画案が提出された場合、

① 　一般の調査期間が終了していないとき

② 　財産状況報告集会における再生債務者等による報告又は125条1項の報告書が提出されてないとき

③ 　再生計画案について、174条2項各号（2号は除く）に掲げる不認可事由のいずれかに該当するとき

④ 　期間内に再生計画案の提出がなく、または提出されたすべての再生計画案が決議に付するに足りないものであり、191条2号が定める廃止事由に該当するとき

のいずれかに該当する場合を除き、当該再生計画案を決議に付する旨の決定をする（民再169条1項）。

　この際、複数の再生計画案が提出されている場合（**第8節**（144頁）参照）には、裁判所はそれぞれの再生計画案について決議に付するかを判断することになり、いずれについても前記事由に該当しない場合には、複数の再生計画案が決議に付されることになる。

　裁判所は、決議を付する旨の決定をする際、議決権を行使する方法として、①債権者集会の期日において議決権を行使する方法、②書面等の投票により裁判所の定める期間内に議決権を行使する方法、③議決権者が①と②の方法のどちらかを選択することにより議決権を行使する方法のいずれかに定めなければならない（民再169条2項）。書面投票の方法は、遠隔地に居住している再生債権者の議決権の行使を可能にするというメリットがあるが、一方で、期日の続行（民再172条の5）ができないため、可決

要件を満たす賛成票が得られなかった場合に、再度の決議を図る機会がなくなるというデメリットがある。そのためか、実務上は併用方式が多く選択されている。

　裁判所は、付議決定をした場合には、再生計画案の内容又はその要旨を再生債務者、管財人、届出再生債権者等に通知しなければならない（民再169条3項）。実務上は、届出再生債権者への通知においては、再生計画案と投票用紙とともに、清算貸借対照表及び破産の場合の予想配当率等を記載した書面を同封することで再生債権者へ財産状況等について説明・報告をすることが多い。

❷ 議決権の行使

　議決権者は、代理人をもってその議決権を行使できる（民再172条1項）。

　議決権者は、その有する議決権を統一しないで行使することができる（民再172条1項）。行使する場合は、付議決定の際に定められた期限（民再169条2項）までに書面でその旨を通知しなければならない（民再172条2項）。

　再生計画案の提出者は、債権者集会において、再生債権者に不利な影響を与えないときに限り、裁判所の許可を得て、当該再生計画案を変更することができる（民再172条の4）。付議決定後は再生計画案は変更できないが（民再167条但書）、再生債権者に不利な影響を与えないことを条件として、債権者集会の場での変更を認めたものである。複数の再生計画案が決議に付されている場合に、自らの再生計画案について賛成してもらうよう、従前の再生計画案の定めよりも弁済率を引き上げるような場合に変更することが考えられる。

❸ 可決要件

再生計画案は、

① 債権者集会に出席し、又は書面投票をした議決権者の過半数の同意（頭数要件）

② 議決権者の議決権の総額の2分の1以上の議決権を有する者の同意（総額要件）

のいずれも満たした場合に可決される（民再172条の3第1項）。

　①の頭数については「投票をした者」の「過半数」とされ、総額については投票をしていない者も含めた「総額」の「2分の1以上」の同意が必要とされている。したがって、過半数か2分の1「以上」かという部分だけみれば、2分の1ちょうどのときは総額では可決要件を満たし、頭数では可決要件を満たさないことになるので、一見すると総額要件のほうが緩いようにも思えるが、総額要件は投票していない再生債権者も含めてのものなので、投票していない再生債権者の票は結果として反対票と同じ扱いとなることを考えると、一概に総額要件のほうが緩いということはできない。

　なお、再生債権者が不統一行使[7]をした場合には、不統一行為者の一人につき、投票者数として1を足し、賛成票を投じた者として2分の1を加算する（民再172条の3第7項）。

　頭数要件及び総額要件のいずれも満たせば可決となるが、どちらか一方のみ要件を満たした場合には、再生計画案の提出者の申立てまたは職権で期日を続行することができる（民再172条の5第1項1号）。両方要件を満たしていなくても、債権者集会に出席した議決権者の過半数と出席した議決権者の総額の2分の1を超える議決権を有する者の同意があるときも、申立てまたは職権で期日を続行することができる（民再172条の5第1項2号）。この場合の総額要件については「出席した議決権者」を基準

7　同じ再生債権者が、賛成票と反対票を投じること。

にして、2分の1を「超える」という要件になっている。

　続行期日においては、最初の債権者集会の期日から2か月以内に可決される必要がある（民再172条の5第2項。ただし、1か月の範囲内でその期間を伸長することは可能である。民再172条の2第3項）。期日が続行されたら、再生計画案の提出者は、足りなかった要件を満たすべく、再生債権者に賛成票を投じてもらうよう交渉することとなる。

❹ 認可決定

　再生計画案が再生債権者の一定数の賛同を得て可決されても、それだけでは再生計画の効力は生じない。法は、再生計画案に同意しなかった少数債権者の利益を保護し、不正または不当な再生計画により再生債権者全体の利益が害されることを防止し、さらには再生の目的を達成しえないような計画の実施から生じる社会的不経済を回避するため、再生計画案の可決後、裁判所が認可をしてよいかどうかを後見的に審査する手続を用意している。

　不認可事由は民事再生法174条2項各号に定められている。

(1) 再生手続又は再生計画が法律の規定に違反していること（1号）

　手続違反としては、議決権を有しない再生債権者が議決権を行使するような例が考えられる。再生計画の内容が法律に違反する場合とは、再生債権者の平等原則（民再155条1項本文）に反する条項がある場合等である。

　ただし、軽微な手続違反の場合には、不認可事由とはならない（1号但書）

(2) 再生計画が遂行される見込みがないとき（2号）

　再生債務者等が再生計画の履行を怠ることは再生計画の取消事由であり（民再189条1項2号）、また認可決定確定後に再生計画が遂行される見込みがないことが明らかになったときは再生手続は廃止される（民再194条）。

再生計画が取り消されれば、再生計画によって変更された再生債権は原状に復するし（民再189条7項）、194条に基づき再生手続が廃止され、牽連破産手続が開始すると、やはり再生計画によって変更された再生債権は原状に復する（民再190条1項）。

　そうであれば、遂行される見込みがない再生計画を認可しても、後に再生計画が取り消され、または牽連破産手続が開始されて再生債権が原状に復することとなるのであれば、社会経済上、遂行見込みがない場合にはむしろ早めに不認可としたほうがよいといえる。

⑶　再生計画の決議が不正の方法によって成立するに至ったとき（3号）

　不正な方法に該当するものとしては、可決要件を満たすために再生債務者の取締役が第三者から再生債権を譲り受けた上で、さらにその債権の一部を別の再生債務者の取締役に譲渡するような方法が考えられる（最決平20・3・13・民集62巻3号860頁）

⑷　再生計画の決議が再生債務者の一般の利益に反するとき（4号）

　清算価値保証原則と呼ばれ、「破産よりも再生手続のほうが良い」ことが求められる。再生手続のほうが良いというためには、典型的には破産配当率よりも再生計画における弁済率のほうが高いことに表れるが、それのみではなく、手続時間、費用、財産換価性、履行の確実性等をも考慮して判断することが必要であろう。

　再生計画の認可決定に対しては、即時抗告ができる（民再175条1項）。

　再生計画は、認可決定の確定により効力が生じる（民再176条）。そして、認可決定が確定すれば、再生計画の定め又は法律の定めによって認められた権利を除き、再生債務者はすべての再生債権について、その責任を免れる（民再178条1項）。これにより、再生計画において10%弁済をする旨の定めがあるときは、その裏側である90%については免責となり、晴れて再生債務者は、負担となっていた過去の債務から解放されることになる。

再生計画の遂行

① 再生計画の遂行

　再生計画の認可決定が確定することにより、再生債務者は晴れて負担となっていた債務のうち再生計画に記載されたもの以外のものから解放されることになる（民再178条）。

　一方で、再生計画に定められたものについては、再生債務者は速やかに遂行しなければならない（民再186条1項）。

　監督委員は、その再生債務者の遂行を監督し（民再186条2項）、裁判所は、再生計画の遂行に必要がある認めるときは、再生債務者等又は再生のために債務を負担しもしくは担保提供者に対し担保を立てるべきことを命じることができる（民再186条3項）。

② 再生計画の変更

　再生計画において、弁済方法が長期の分割払いとなっている場合、その遂行の過程で当初の見込みと異なる事態が生じ、計画通りに遂行することが困難となる場合がある。

　再生計画が遂行される見込みがなくなった場合には、再生手続は廃止されることとなるが（民再194条）、再生計画を変更することにより履行が可能となるのであれば、裁判所に申し立てることにより再生計画を変更することも可能である（民再187条1項）。

　再生計画の変更の申立ては、再生債務者、管財人のほか、監督委員や届出再生債権者も行うことができる（民再187条1項）。

　変更の内容が再生債権者に不利な内容となるときは、変更再生計画案に

ついて付議決定をした上で再生債権者による決議及び裁判所による認可を得る必要がある（民再187条2項）。この際、変更により不利な影響を受けない再生債権者を手続に参加させることは必要ではなく、また変更計画案について議決権を行使しない者で従前の再生計画に同意をした者は変更計画案に同意したものとみなされる（民再187条2項）。

　なお、再生計画の変更申立ては、「再生手続終了前に限り」行うことができる（民再187条1項）。

　この点、監督委員が選任されているときは、再生計画認可確定後3年が経過すれば再生手続は終結とされているところ（民再188条2項）、再生計画において3年よりも長期の分割払いをする旨定められているときに、再生計画を変更する必要が生じた時期が再生計画認可確定後3年以降の場合には、再生手続が終了してしまっているため、再生計画の変更ができないこととなるので注意が必要である。

❸ 再生計画の取消し

　再生債務者が履行を怠っている場合、再生債権者は再生計画の取消を申し立てることもできる（民再189条1項2号）。

　取消しの申立てができる再生債権者は、再生計画の定めによって認められた権利の全部（履行された部分を除く）について裁判所が評価した額の10分の1以上に当たる権利を有し、その有する履行期限が到来した当該権利の全部または一部について履行を受けていない者である（民再189条3項）。

　再生計画の取消決定が確定した場合には、再生計画によって変更された再生債権は原状に復する（民再189条7項）。ただし、再生債権者が再生計画によって得た権利には影響を及ぼさない（同条但書）。

❹ 廃止決定及び牽連破産⁸

前述のとおり、再生計画が遂行される見込みがないことが明らかになったときは、再生手続は廃止される（民再194条）。

そして、上記の廃止の場合のほか、再生計画が取り消された場合には、廃止決定は再生計画取消決定が確定する前に破産手続開始の申立てができるし（民再249条1項）、上記決定が確定した場合には、裁判所は職権で破産手続を開始することができる（民再250条1項）。

破産手続が開始されたら、再生計画によって変更された再生債権は原状に復する（民再190条1項）。ただし、再生債権者が再生計画によって得た権利には変更を及ぼさない（同条但書）。

以上のとおり、再生債務者は、せっかく再生計画が認可確定したことにより再生計画に定めたもの以外の過去の債務から解放されても、その遂行を怠ると「元の木阿弥」になってしまうので、そうならないよう注意し、特に再生計画の変更による対処を可能にするためには、認可確定後3年以内に将来の遂行可能性をしっかりと見直し、無理があると判断した場合には、早めに再生計画の変更による対応を模索すべきであろう。

（古里 健治）

8　再生手続の終結に伴い破産手続に移行すること。

第6章

廃業

近年の動向

　東京商工リサーチが行った「2020 年　休廃業・解散企業動向調査」に
よると、2020 年に全国で休廃業・解散した企業（以下「休廃業等企業」と
いう）は 4 万 9,698 件（前年比 14.6％増）であり、2000 年に調査を開始
して以降、最多を記録したという[1]。

　また、同調査によると、2020 年に休廃業等企業の代表者の年齢を見る
と、70 代が 41.7％、60 歳以上で見ると 84.2％と 8 割を超えている（60
歳以上の比率は 2019 年から 0.7 ポイント上昇）。

　休廃業等企業の件数が 2020 年に増えたのは、代表者の高齢化が進み、
従来から課題であった後継者不足が解決できないまま、コロナ禍において
先行き不透明な状況が続き、自主的に「廃業」を選択していることによる
可能性がある[2]。

　「廃業」すなわち、事業を終了する方法はいくつかあるが（詳しくは後述
する）、財務状況に余裕があるうちに、計画的に事業を終了する適切な方
法を選択することで、手元に財産を残したり、貴重な経営資源を引き継げ
たりすることが可能となる。

　他方、代表者が決断しきれなかったことで、為すすべなく破綻するとい
うことがありうる（手元に財産を残すことはできない「破産」をするか、あ
るいは破産すらできないということもある）。

1　なお、同調査において「休廃業・解散した企業」とは、倒産（法的整理、私的整理）以外
で事業活動を停止した企業と定義しており、企業倒産の件数は含まれていない。企業倒産の
件数が休廃業等企業の件数と異なり減少しているのは、コロナ禍での政府や自治体、金融機
関の資金繰り支援策が奏功し、短期的な破綻（倒産）が回避できていることによるものに過
ぎないとの見方もあり、コロナ禍において企業経営を取り巻く環境が厳しいことには変わり
ないと思われる。

2　中小企業庁「事業承継ガイドライン」においても、「ある程度余力のあるうちに、計画的
に事業を終了」できることが望ましいとされている。

そこで、会社の状況に応じて適切な廃業の方法を選択する一助となるよう、本章では廃業の類型別に手続の概要・全体像を解説していく。

　また、各廃業手続と、事業を別法人に承継する手続（後述する事業譲渡や会社分割）を組み合わせることで、不採算部門は終了させ、将来性を見込める部門や事業は残していくといったことも可能であり、こういった「事業継続につながる廃業」についても紹介していく。

　廃業を決断した場合には、早期の債務整理、廃業資金の確保（今後の生活費の確保）、取引先・金融機関・従業員への説明等を計画的に実施していくことになるが、円滑な廃業を進めるためにも、廃業するか否か、廃業するとしてその方法につき、早期に専門家に相談することが何より肝要である。本章がその足掛かりになれば幸いである。

廃業の分類（総論）

前述のとおり、「廃業」手続には、いくつか種類がある。

さらに、前述のとおり、以下の①～⑦と、事業譲渡や会社分割等の事業を別法人に承継する手続を組み合わせることで、不採算部門を切り離し、当該部門のみ終了し、将来性を見込める部門や事業は残していくといった「事業継続につながる廃業」という手法も採りうる。

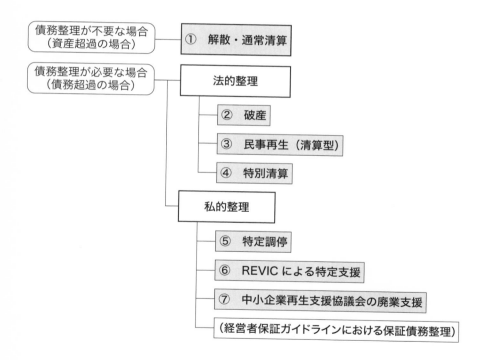

第**3**節

廃業の分類（各論）

① 債務整理が不要な場合（資産超過の場合）

債務整理が不要な場合は、裁判所の監督に服さない清算手続である「通常清算」の手続を取ることが一般的である。

手続の大まかな流れは以下のとおりである。

(1) 解散

株主総会特別決議による（会 309 条 2 項 11 号）。ただし、株主総会決議を省略できる場合がある（会 319 条）。

解散決議（会 471 条 1 項 3 号）がなされると、会社は清算の目的の範囲内においてのみ存続する（会 476 条）。

(2) 清算[3]

a 清算人の選任・就任

解散決議により清算株式会社となる。

清算株式会社は清算人を置く（会 477 条 1 項）。清算人は、解散時の取締役が就任するのが原則であるが（会 478 条 1 項 1 号）、定款・株主総会で清算人を選任することもできる（会 478 条 1 項 2 号・3 号）。

清算人の任期は、定めはなく、清算結了までとなる。清算人が会社を代表する（会 483 条）。

なお、解散と清算人の登記申請（会 926 条・928 条）、所轄税務署長への解散届（法法 15 条・20 条・法令 18 条）が必要となる。

3　清算の手続の流れは、神田秀樹『会社法（第 22 版）』（弘文堂、2020 年）333 頁参照。

b　清算人の清算事務

①　会社財産の調査

清算人は、就任後遅滞なく、清算株式会社の財産の現況を調査し、清算決議の日における財産目録および貸借対照表を作成して、株主総会で承認を受けなければならない（会492条）。

②　現務の結了、財産の換価、債権の取立て、債務の弁済

清算人は、継続中の契約関係や事務処理を終了させ（現務の結了）、債権を取り立て、債務の弁済を行う（会481条1号2号）。

清算株式会社は、解散決議後、遅滞なく、債権者に対し、2か月以上の一定の期間内にその債権を申し出るべき旨を官報に公告し、かつ、知れている債権者には、各別に催告する（会499条1項）。

清算株式会社は、原則として、催告期間内において債務の弁済はできない。例外として、少額の債権や担保付債権に対し、裁判所の許可を得て弁済できる（会500条）。債務の弁済は、前述の催告期間経過後に、申し出た債権者と知れている債権者の全員に弁済し、それ以外の債権者は除斥される（会503条1項）。

③　残余財産の分配

残余財産があれば、株主に原則として持株数に比例して分配する（会504条）。債務の弁済をしないで株主に分配をしてはならないが、争いがある分については弁済に必要な財産を留保して残余財産を分配してもよい（会502条）。

④　決算報告承認に係る株主総会

清算株式会社は、清算事務が終了したときは、遅滞なく、決算報告を作成し、株主総会で承認を得なければならない（会507条）。

⑤　清算結了と清算結了の登記

清算が結了したときは、株主総会の承認の日から2週間以内に清算結了登記をする（会929条1号）。

⑥　重要資料の保存

　清算人は、清算結了の登記から 10 年間清算株式会社の帳簿等の重要
資料を保存する義務がある（会 508 条）。

❷　債務整理が必要な場合（債務超過の場合）

１　法的整理（裁判所を利用する手続）[4]

　第 2 節で述べたとおり、債務超過の場合で、法的整理（裁判所を利用す
る手続）と呼ばれる手続には、①破産、②民事再生（清算型）、③特別清算
の 3 つがあげられる。以下の表にて、各手続の概要を比較する。

	破産	民事再生（清算型）		特別清算
会社財産の管理処分権	破産管財人（管財型[5]）	再生債務者（DIP 型[6]）		清算人[7]（DIP 型）
対象	株式会社以外も可	株式会社以外も可		株式会社のみ
手続コスト 裁判所に納める予納金（東京地裁の場合）	法人破産の場合20 万円〜	負債総額 5,000 万未満 5,000〜 1 億 1 億〜 5 億 5 億〜10 億 10 億〜50 億	基準額 200 万 300 万 400 万 500 万 600 万	協定型：5 万円 和解型：8,598 円
開始原因	支払不能または債務超過の状態	支払不能または債務超過の事実を生じるおそれ、または、事業の継続に著しい支障を来すことなく弁済期にある債務を弁済することができないとき		債務超過の疑い
公租公課・労働債権等の未払いがある	可	可		未払いがないことが必要

4　法的整理の手続の流れは、田中亘『会社法（第 3 版）』（東京大学出版会、2021 年）参照
　（破産（同 751 頁〜）、民事再生（同 754 頁〜）、特別清算（同 749 頁〜））。
5　裁判所の選任する管財人が債務者の財産の管理処分権を有する。
6　債務者自身（債務者が株式会社の場合、取締役あるいは清算人）が引き続き財産の管理処
　分権を有する（debotor-in-possession）。
7　後述のとおり、通常は代表取締役

備考（多数決による権利変更手段がある[8]）		再生計画	協定 債権者の同意が得られる見込みがあること（清算価値があること）

(1) 破産

　債務者が支払い不能（弁済期にある債務を一般的に弁済できないこと）または債務超過の状態にある場合に、裁判所が選任した破産管財人が裁判所の監督のもとで清算を行う手続きである。

　破産の手続きの大まかな流れは以下のとおりである。

①　破産手続開始の申立て

　取締役会決議等により意思決定し（会362条4項）、裁判所に破産手続開始の申立てを行う（破15条〜29条）。

②　破産手続開始決定

　裁判所が破産手続開始決定をする（破18条・30条）。

③　破産管財人の選任

　破産手続が開始されると裁判所は破産管財人を選任する（破31条・74条1項）。ただし、裁判所が破産財団をもって破産手続の費用を支弁するのに不足すると認めるときは、破産手続開始の決定と同時に、破産手続廃止の決定（同時廃止、破216条）がなされ、破産管財人は選任されない。

④　個別的権利実行の禁止

　破産手続開始の決定があると、強制執行等の個別的な権利実行をすることはできなくなる（破42条）。ただし、担保権の実行は妨げられない。

⑤　破産財団の換価処分

　破産管財人は、破産財団に属する財産の換価処分を行う（破78条）

⑥　破産債権の調査・確定

　破産管財人は、破産債権（届出された債権）の調査をし（破117条〜）、破産債権の確定をする。ただし、破産財団をもって破産手続の費用を支

8　前掲注4・749頁（図表10−1）参照

弁するのに不足と認めるときは、破産手続廃止の決定（異時廃止、破217条）がなされ、破産債権の確定に至らず、手続が終了する。

⑦　配当

配当原資がある場合には、破産管財人は破産債権の内容・額に応じて配当を行う（破193条〜）。

⑧　手続の終了

債権者への配当が完了した場合、裁判所は破産手続終結の決定をする（破220条1項）

(2)　民事再生

基本的には、窮地にある債務者が、債権者の多数の同意を得、かつ裁判所の認可を得た再生計画によって債務の内容を変更すること等により、その事業の再生を図るための手続であるが、清算型の再生計画も許容されている[9]。再生型の民事再生については**第6章**参照。

通常、裁判所の選任する監督委員の監督の下に、従来の経営陣によって事業の運営と再生手続が進められる。

法人の種類による制限はない。

民事再生の手続の大まかな流れは、以下のとおりである。

①　再生手続開始の申立て

取締役会決議等の意思決定を行って（会362条4項）、裁判所に再生手続開始の申立てを行う（民再21条等）。

②　再生手続開始決定

裁判所が再生手続開始の決定をする（民再21条・33条）。

③　個別的権利実行の禁止

再生手続開始決定があると、原則として債務者は再生計画によらずに債務の弁済をすることはできない（民再85条1項）。債権者も強制執行等、個別の権利実行はできない（民再39条1項）。

9　三森仁ほか『会社の廃業をめぐる法務と税務』（日本法令出版、2021年）10頁

④　債務者自らによる事業の運営継続

　再生手続が開始されても、裁判所及び裁判所が選任する監督委員（民再54条）の監督の下、原則として再生債務者自らによる事業運営が継続される（民再38条1項）。

⑤　再生計画による権利変更

　再生債務者自ら、債権調査（民再101条）をし、再生計画案を作成、提出する（民再163条1項）。再生計画案が債権者集会で、再生債権者の多数の賛成を得て可決され（民再172条の3）、裁判所の認可決定（民再174条）の確定により効力を生ずる（民再176条）。すべての再生債権者（反対者を含める）の権利が再生計画の定めに従って変更される（民再179条1項）。

⑥　再生手続の終結

　再生計画が遂行されたとき、又は再生計画認可の決定が確定した後3年を経過したときは、裁判所が再生手続終結の決定を行う(民再188条)。

(3)　特別清算

　特別清算は、清算の遂行に著しい支障を来すべき事情又は債務超過の疑いがある場合に、利害関係人の申立てにより開始される会社法に基づく清算手続である（会510条）。

　株式会社のみを対象とする手続であるため、株式会社以外の会社の廃業を特別清算で行うには、事前に株式会社への組織変更が必要となる[10]。

　特別清算手続の大まかな流れは以下のとおりである。

①　特別清算開始の申立てと開始決定

　清算手続中の株式会社について、清算人等が特別清算開始の申立てを行い（会511条1項）、裁判所が特別清算開始の命令をする（会514条）。

②　個別的権利実行の禁止

　特別清算開始の命令があると、強制執行など個別的な権利実行は禁じられる（会515条）。

10　日本弁護士連合会日弁連中小企業法律支援センター編『事業承継法務のすべて』（きんざい、2018年）54頁

③　清算人による清算事務の遂行

　裁判所の監督の下（会519条）、清算人が清算株式会社の財産の換価処分等の清算事務を遂行する。

　裁判所は、清算株式会社に対し、財産目録等の提出（会521条）、調査命令（会522条）、清算人の解任選任（会524条）、報酬等の決定（会526条）、清算会社が一定の重要行為をすることの許可（会536条）等の監督権限を行使する。

④　協定又は和解

　清算人において、債権者集会（会546条〜562条）を通じて法定多数決による可決を経た協定について裁判所の協定認可決定を受け（協定型）（会569条）、又は裁判所の許可（会535条1項4号）を得た個別の和解により（和解型）、（協定に反対した債権者も含めて）債権放棄等の権利変更を受ける。

⑤　特別清算終結決定

　特別清算が結了したときに、裁判所において特別清算終結決定を行う（会573条）特別清算終結の登記がなされる。

2　私的整理[11]

　第2節で述べたとおり、債務超過の場合に利用される私的整理と呼ばれる手続には、①特定調停（廃業支援型。なお事業継続につながる廃業の場合は事業再生型）、②REVICによる特定支援、③中小企業再生支援協議会の廃業支援がある。

　また、会社を円滑に廃業するためには、代表者（経営者個人）が破綻に追い込まれることのないようにする必要があるが、通常、代表者は会社の連帯保証人になっているため、代表者の連帯保証を整理することも重要であり、かかる手続（経営者保証ガイドラインにおける保証債務整理）もここで説明する。

11　（法的な手続を用いずに）当事者の合意に基づいて債務整理を行うこと。ここでは、一定の枠組み（準則）に基づく場合を紹介する。

(1) 特定調停（廃業支援型）

　窮地にある債務者の経済的再生を企図する、特定調停法に定められた裁判所の手続であるが、前述の民事再生手続とは異なり、手続開始決定により債権者の個別的権利行使が禁止される効力や、法定多数の同意で可決された再建計画の認可決定により不同意債権者を拘束する効力はない。債務者の弁済計画案について対象債権者との間で合意を目指すという点で、私的整理の性格を有しているといえる[12]。

　廃業支援型の特定調停は、弁護士が債務者の代理人として、対象債権者である金融機関債権者との交渉を行い、対象債権者の同意が得られる見込みを得た段階で、簡易裁判所に特定調停の申立てを行い、調停を成立させて、金融機関の債権を整理する方法である（その後は通常清算により処理する）[13]。

　なお、日本弁護士連合会が平成29年1月に「事業者の廃業・清算を支援する手法としての特定調停スキーム利用の手引」を策定・公表している。

　廃業支援型の特定調停手続の大まかな流れ[14]は以下のとおりである。

①　金融債権者に対し、返済猶予の要請

　金融機関、信用保証協会に対して元本返済の猶予等を要請し、特定調停における弁済計画策定及び当該計画について金融債権者から理解を得るための時間的猶予を受ける。

②　弁済計画の策定と金融機関との事前調整

　弁済計画を策定、説明し、当該計画について金融債権者との事前調整・協議を行う。協議を踏まえた修正などを行い、対象債権者から同意の見込みを得る。

12　園尾隆司、福岡真之介『債権管理・保全・回収の手引き』（商事法務、2017年）535頁
13　前掲注10・53頁
14　前掲注9・11頁

③　特定調停の申立て

　取締役決議等にて意思決定を行い、裁判所（簡易裁判所）に特定調停を申し立てる（対象債権者の同意の見込みを得た上での申立てであるから、1、2回の調停期日で終結することを想定している）。

④　特定調停成立又は「17条決定」

　金融債権者全員の同意を得て金融債権について債権放棄等の権利変更を受ける特定調停を成立させる。

　一部の金融債権者から積極的な同意を得られないが、裁判所の決定があれば異義を述べないという段階に達した場合には、民事調停法17条に基づく決定を行い（いわゆる「17条決定」という）、この決定の告知から2週間以内に異義がなく確定した場合に、和解と同一の効力を生じさせる方法にて解決が図られることがある[15]。

(2)　株式会社地域経済活性化支援機構（REVIC）による特定支援

　REVICの特定支援とは、REVICが、過大な債務を負っている事業者に係る金融機関の経営者保証の付された債権を買い取るなどして債務整理を行うと同時に、代表者等保証人の保証債務について経営者保証ガイドライン（後述「ホ」）に沿って一体整理を行うものであり、事業の継続が困難な事業者を円滑に整理し、経営者の再チャレンジを通じた地域経済の活性化を図る制度である[16]。

　REVICの特定支援の大まかな流れ[17]は以下のとおりである[18]。

①　事前相談

　REVICに対し事前相談を行う。

15　前掲10・80頁
16　前掲注9・12頁、地域活性化支援機構ホームページ（http://www.revic.co.jp/business/retry/index.html）
17　地域活性化支援機構ホームページ、前掲注16
18　REVICの特定支援においては、金融債務にかかる債権放棄等の権利変更の実行方法として、買取決定後に特別清算が利用されることが一般的である（前注9・12頁の脚注9）。

② 資産査定・私財調査

　守秘義務契約を締結の上、財産状況を開示し、REVIC において特定支援の要件を満たせる見込みがあるかのチェックを行う。

③ 特定支援決定・弁済計画の合意

　事業者、保証人、持込金融機関の三者連名で、特定支援の申し込みをし、特定支援決定を行う。他の関係金融機関より弁済計画への合意を得るため、REVIC が交渉・調整を行う。

④ 買取決定

　全金融機関の同意を得て、REVIC において買取決定をする（金融機関の金融債権を REVIC が買取る）。

(3)　中小企業再生支援協議会の廃業支援

　各都道府県に設置された中小企業再生支援協議会では、中小企業の事業再生を支援するため、窓口相談や債権者調整等を含む再生計画の策定支援を行っている。平成 30 年 7 月、中小企業庁において、中小企業再生支援協議会事業実施基本要領等を改訂し、「中小企業再生支援協議会の業務として、事業の再生が極めて困難な中小企業に対して、経営者保証ガイドラインの適用を含め必要に応じて債務整理に向けた助言等を行」うこととされた[19]。

　詳細は、**第 4 章**を参照。

(4)　経営者保証ガイドラインにおける保証債務整理[20]

　会社を円滑に廃業するためには、経営者個人が破綻に追い込まれることのないようにする必要があるが、通常、経営者個人は会社の連帯保証人になっている。そのため、主債務者が債務超過で負債処理が必要な場合、経営者個人の連帯保証債務も整理する必要がある。

19　中小企業庁ホームページ
　https://www.chusho.meti.go.jp/keiei/saisei/2018/180713saisei.htm
20　前掲注 10・73 頁参照。

従前は、連帯保証債務を整理する方法としては、破産または民事再生しかなかったが、経営者にとって、「破産」は取引先への影響や信用情報の毀損等の懸念からハードルが高く、ずるずると事業を続け、廃業を決断しきれないということがあった。

　そこで、このような円滑な廃業を阻害しないために、日本商工会議所と全国銀行協会が共同で設置した「経営者保証に関するガイドライン研究会」において、平成25年12月5日に「経営者保証に関するガイドライン」（以下「経営者保証ガイドライン」という）が策定された。

　経営者保証ガイドラインは、保証契約時・見直し時の対応（入口対応）と保証債務の整理の際の対応（出口対応）について定めた準則であり、法的拘束力はないものの、金融機関等においても尊重されている。

　廃業支援型特定調スキームに沿って経営者保証ガイドラインを利用した場合の大まかな手続の流れは、前述「(1)」のとおりである。

　出口対応では、破産へのおそれ等を理由として事業再生・事業清算への着手が遅れることを防ぐために、経営者の事業再生・事業清算への早期決断を促すインセンティブとして破産手続で自由財産として認められる99万円を超える資産を留保できる旨を規定している点に特徴がある。

事業継続のための廃業

前述のとおり、①解散・清算、②破産、③民事再生、④特別清算、⑤特定調停、⑥ REVIC の特定支援、⑦中小企業再生支援協議会の廃業支援と、事業を別法人に承継する手続（後述する事業譲渡や会社分割）とを組み合わせることで、不採算部門を切り離し、将来性を見込める部門や事業は残していくといった事業継続につながる廃業という手法 21 を採ることも可能である。

以下、事業を別法人に承継する手続である、事業譲渡と会社分割の概要を説明する。

それぞれのメリット・デメリット等、詳細については**第 4 章**参照。

1 事業譲渡

事業譲渡は、株式会社がその事業の全部または一部を取引行為として他に譲渡する行為である（会 467 条以下）。

譲渡会社における大まかな手続の流れ[22] は以下のとおりである。

① 事業譲渡契約の締結
② 従業員・取引先・顧客等への説明
③ 株主総会決議による承認
④ 債務・契約上の地位の移転
⑤ 個々の資産の移転

事業譲渡と、各廃業手続を組み合わせる際の留意点は以下のとおりである[23]。

---

21 第二会社方式と呼ばれる。
22 事業譲渡の手続きの流れは、前掲注 9・13–14 頁参照。
23 前掲注 9・123–131 頁参照。

① 破産手続と事業譲渡

(1) 破産手続前の事業譲渡

破産手続申立前に、事業承継先が決まっており、資金繰りや事業毀損の回避の観点から、破産手続申立て前に事業承継先への事業譲渡を実行した上で、(譲渡会社について) 破産手続開始を申し立てることもありうる。しかし、この場合、事業譲渡が破産手続における破産管財人による否認対象行為[24] (破160条1項・3項) に該当しないよう留意する必要がある。

(2) 破産手続中の事業譲渡

破産管財人は、裁判所の許可を得た上で (破78条2項3号)、債権譲渡することができる。株主総会の特別決議は不要である。裁判所は、許可をする場合、破産者に労働組合等がある場合、その意見聴取をしなければならない (破78条4項)。

② 民事再生手続と事業譲渡

スポンサー (事業承継先) がすでに決定している状態で、再生手続開始を申し立てる[25]、または、再生手続においてスポンサーを探し、裁判所の許可を得て (民再42条1号) 事業譲渡を行う[26] ことが一般的である。原則として事業譲渡について株主総会の特別決議による承認が必要とされ、再生債務者が債務超過である場合に裁判所がこれに代わる許可をすることができる (民再43条)。

③ 私的整理手続と事業譲渡

私的整理手続においては、事業再生計画や弁済計画において、事業承継先への事業譲渡と譲渡会社の清算を定めて、対象債権者の同意を求めることになる。

24　詐害行為否認 (破160条1項)、無償行為否認 (破160条3項)
25　プレパッケージ型民事再生
26　計画外事業譲渡

私的整理手続の場合、通常、金融債務以外の取引債務については、債務整理の対象外とし、事業譲渡を通じて事業承継先に承継するか、事業譲渡対価から金融債務に優先して弁済することが一般的であることが、法定整理との組み合わせとの大きな違いであるとされている。事業再生計画や弁済計画への同意を通じて、事業譲渡の実行も含めて金融機関の同意を得る必要がある。

❷ 会社分割

会社分割は、株式会社又は合同会社が、その事業に関して有する権利義務の全部又は一部を分割後他の会社（承継会社）又は分割により設立する会社（新設会社）に承継させることを目的とする会社の組織行為である（会757条以下）。

会社分割の大まかな流れ[27]は以下のとおりである。

① 計画の策定・契約の締結

② 労働者保護手続

③ 書類等の事前備置

④ 株主総会の特別決議

⑤ 債権者保護手続

⑥ 会社分割の登記等

⑦ 書類等の事後備置

会社分割と、各廃業手続を組み合わせる際の留意点は以下のとおりである[28]。

27　会社分割の手続きの流れについては、前掲注9・14-15頁参照。
28　前掲注9・136-139頁参照。

① 破産手続と会社分割

(1) 破産手続前の会社分割

破産手続申立前に事業承継先への会社分割を実行した上で、分割会社（旧会社）について破産手続開始を申し立てることもありうる。しかし、この場合、会社分割が破産手続における破産管財人による否認対象行為（破160条1項・3項）に該当しないよう留意する必要がある。

(2) 破産手続中の会社分割

破産管財人は、取引行為である事業譲渡とは異なり、会社の組織法上の権限は認められていないことから、会社分割はできないと考えられている[29]。

② 民事再生手続と会社分割

民事再生法上、会社分割に関する特別規定は存在しない。そのため、再生手続中に会社分割を行うためには、会社法所定の手続を経る必要がある。なお、東京地裁では、再生手続開始決定時に、会社分割（再生計画による場合を除く）を裁判所の許可を要する行為として指定する運用を行っている。

③ 私的整理手続と会社分割

事業譲渡の場合と同様である。

（山田　祥恵）

29　第一東京弁護士会総合法律研究所倒産法研究部会編『破産管財の実務（第3版）』（きんざい、2020年）609頁の脚注1・626頁

第 7 章

保証人の
債務整理

法的手続による債務整理

　法人が破産した場合、破産手続終結決定により当該法人は消滅し、その法人が負った債務も消滅するが、その効力は法人の保証人（連帯保証人を含む。以下同じ）や物上保証人には及ばない。保証債務の附従性の原則からすれば、主債務が消滅すれば保証債務もそれに応じて消滅されるべきであるが、保証や物上保証は、主債務者が履行しないとき（民446条1項）や、主債務者の無資力に備えて、その弁済の確保のためのものとして設定されるものであるので、法人が破産手続に移行した場合に、保証責任が顕在化し、債権者が保証人や物上保証人に対して履行を求めることができるのは、当然のことと考えられている。

　そのため、法人が破産手続に移行した場合は、経営者等が負っていた当該法人の保証債務の処理が問題となる。

　また、法人が民事再生手続や会社更生手続等の他の法的倒産手続に移行した場合にも、再生計画ないし更生計画による法人の債務の権利変更の効果は保証人や物上保証人には及ばないとされているから（民再177条2項、会更203条2項）、破産手続と同様に保証債務の処理の問題が発生する。

　さらに、法人が私的整理手続に移行した場合も、リスケジュール型の計画ではあれば保証債務が直ちに顕在化することはないが、債権カットなどの抜本的な再生計画を私的整理手続において策定する場合には保証債務の処理の問題が生じることになる。

　以下では、法人が債務整理の局面に至った場合の経営者等の保証債務の処理の具体的な手法につき、まず法律上の手段について述べる。なお、通常経営者は自己の経営する法人の債務の連帯保証をしているので、以下では連帯保証債務の整理を念頭にしている。

① 自己破産

(1) 手続の概要

　自己破産とは、破産手続を自ら申し立てる場合の通称である。破産手続とは、破産手続開始決定時点での財産のうち、破産財団について裁判所から選任される破産管財人が換価し、債権者に平等に分配（配当という）する手続である。

　破産財団を構成する財産は破産管財人に管理処分権が移行するので（破78条）、破産者は破産財団を構成する財産を失うことになるが、逆にいえば破産手続開始後に取得する財産（新得財産という）はそのまま所有・保持することができる。

　また、破産手続開始決定時点での財産のうち破産財団を構成しない財産（自由財産という）については、破産管財人に管理処分権が移行することはないから（逆にいえば、破産手続開始決定時点での財産のうち、自由財産以外の財産が破産財団を構成する）、破産手続が開始されても破産者はそのまま所有・保持し続けることができる。

　この自由財産について、破産法では99万円以下の現金や差押禁止財産（年金や一部の給与債権もしくは一部の養育費請求権など法令で差押禁止である旨が規定されている）が自由財産とされているが、そのほかにも各地の地方裁判所において破産開始決定時の財産の換価基準が定められており、それに該当しないものは自由財産として破産財団を構成しない。

　例えば、東京地方裁判所では以下の換価基準が定められている。

- 残高（複数ある場合は合計額）が20万円以下の預貯金
- 返戻見込額（数口ある場合は合計額）が20万円以下の生命保険解約返戻額
- 支給見込額の8分の1相当額が20万円以下の退職金債権
- 支給見込額の8分の1相当額が20万円を超える退職金債権の8分の7相当額
- 処分見込額が20万円以下の自動車

- 居住用家屋の敷金債権
- 電話加入権
- 家財道具

　したがって、東京地方裁判所に破産手続を申し立てる場合は、これらの財産は自由財産としてそのまま所有・保持し続けることができる。

　さらに、上記の範囲を超える財産についても、破産者の生活の状況、破産手続開始の時において破産者が有していた財産の種類及び額、破産者が収入を得る見込みその他の事情を考慮して、自由財産の拡張手続（破34条4項）を利用することによって、そのまま所有・保持し続けることも可能である。

　自由財産の拡張は裁判所の決定によりなされるが、総額99万円以下であれば自由財産の拡張は比較的認められやすいといわれている（例えば、現金40万円に50万円相当の自動車を自由財産として拡張する場合）。これに対し、総額99万円を超える自由財産の拡張（例えば現金60万円に現時点で解約すると50万円相当の返戻金が戻ってくる生命保険を自由財産として拡張する場合や現金50万円に預金100万円を自由財産として拡張する場合）は、破産者自身が病気であるとか、介護を有する親族がいて破産者の今後の収入の見込みが乏しい場合など特段の事由がある場合に限り認められる傾向にある。

　実務上はこのような場合は、99万円を超える部分を財団組み入れすることによって、残したい財産について自由財産の拡張が認められる運用である。例えば、現金60万円に現時点で解約すると50万円相当の返戻金が戻ってくる生命保険があり、当該保険を維持したい場合には、現金から11万円を破産財団に組み入れる（具体的には破産管財人に引き渡す）ことによって当該保険について自由財産として拡張が認められるというものである（そうすることで現金と保険解約返戻金を合計して99万円になる）。

　いずれにしても、法人が法的整理に移行して経営者の保証債務が顕在化した場合に、保証人たる経営者は多額の保証債務の履行を迫られることに

なるが、破産手続を利用することによって新得財産や自由財産については保証債務の引き当てとなることなく、今後の生活再建の原資とすることが可能となる。

　なお、取締役と会社との間の関係は委任契約であると考えられているところ、受任者である取締役の破産手続の開始は委任契約の解除事由となっているため（民653条2号）、例えば、法人が民事再生手続中であり、引き続き従来の経営者が経営を担っていくという場合に、保証債務の整理の手段として破産手続を選択する場合は、別途、取締役としての選任手続（株主総会での決議）が必要になる。もっとも、現行会社法では破産手続の開始は取締役の欠格事由となっていないから、保証人である（代表）取締役が自己破産を申し立てたからといって、当該法人の取締役に就任できなくなることはない。

(2)　効果

　破産手続を利用することにより、破産手続開始時に存在していた破産債権（破産開始時より前の原因により生じていた財産上の請求権）は免責されることになる。もっとも、免責されるのは法人の保証債務やカードローンのような優先性のない一般債権であり、公租公課のような優先性のある債権は破産手続においても免責されない。また、住宅ローンのような担保権が設定されている債権については、破産手続の影響を受けずに競売等の実行が可能となっており（破65条）、担保権実行や任意売却によって回収された額を超える部分（いわゆるオーバーローン部分）のみ免責が可能となる。さらに、悪意で加えた不法行為による損害賠償請求権、養育費や婚姻費用、意図的に債権者一覧表に記載しなかった債権者に対する債権など、一部の財産上の請求権は破産手続によっても免責されないので留意が必要である（破253条）。

　加えて、債権者を害する目的で、破産財団に属し、又は属すべき財産の隠匿、損壊、債権者に不利益な処分その他の破産財団の価値を不当に減少させる行為や、特定の債権者に対する債務について、当該債権者に特別の

利益を与える目的又は他の債権者を害する目的で、義務がないにもかかわらず、担保の供与又は債務の消滅に関する行為、破産手続を妨害するような行為（帳簿の偽造や虚偽の債権者名簿の提出、破産管財人に対する虚偽の説明など）を行った場合は、裁判所から免責許可が出ないこともあるので（破252条）、破産管財人に協力し破産手続に対して真摯に対応することが求められる。

❷ 個人再生

(1) 手続の概要

　法人が債務整理の局面に至った場合の保証債務の整理の手法として破産手続を紹介したが、破産手続は自由財産以外の破産手続開始決定時の破産者の財産（破産財団）は基本的に失うことになる。したがって、例えば保証人の自宅は、親族が適正価格で破産管財人から購入したうえで、当該親族から借り受けるといったことをしない限り、破産管財人において処分することになり、生活の本拠は失われる。

　これに対し、自宅を手放さずに債務整理をする手法として個人再生手続がある。例えば、自宅の住宅ローンがまだ残っている場合に、経営者の保証債務の整理を行うとすると住宅ローンの期限の利益喪失事由に該当し、それ以降分割弁済が認められず、残額の一括返済を求められることになる。

　これでは、結局は住宅ローンを払いきれず自宅を失うことになる。そこで、個人再生手続では、再生計画において債務の減免の他に、「住宅資金特別条項」を設けることによって、住宅ローンの期限の利益を回復させることができる。これにより、保証人は、保証債務の減免を受けながら、住宅ローンについては従前と同様の分割弁済を継続することができる。

　この「住宅資金特別条項」には、上記の期限の利益の回復のほかに、住宅ローンの返済期間を延長し毎月の返済額を減らすことも可能である。ただし、延長可能なのは最大10年間で、かつ、最終期限が70歳を超えない範囲に限られる。例えば、現在の住宅ローンの最終返済期限が65歳の場

合、5年間だけ延長可能（その分だけ毎月の返済額が減る）ということになる。

　さらに、後述するとおり、個人再生手続の再生計画では、弁済期間（原則3年、最長5年）の間に、減免後の債務を完済することが必要であるため、その間は計画で定められた返済額と住宅ローンの両方を返済することになる。そこで、計画弁済の期間中は住宅ローンの元本の一部を猶予する内容の「住宅資金特別条項」も可能である。

　こうした「住宅資金特別条項」を活用することにより、個人再生手続において住宅ローンの分割返済を継続したまま、保証債務の債務整理が可能となる。

　もっとも、住宅ローンの減免は認められていない。したがって、住宅資金特別条項において住宅ローンの弁済期間を延長したり、元本の一部猶予期間を設けたりすることにより、トータルではより多くの利息を支払うことになることは留意が必要である。

　また、住宅に住宅ローン以外の債権の後順位担保権が設定されている場合は、住宅資金特別条項を利用することはできない。住宅資金特別条項をもって住宅ローンの期限の利益を回復したとしても、後順位担保権者による競売実行により自宅を失うことになり、住宅資金特別条項を設けた意味がなくなるからである。このような場合には申立ての前に後順位担保権者と交渉し一定の金銭を支払うことなどにより後順位担保権を抹消する必要がある。

(2)　効果

　個人再生手続では、最低返済額が定まっており、この最低返済額を超える債務について免除が可能となっている。具体的には次の表のとおりである。

　例えば、債務が4,000万円である場合には、その1割の400万円が最低返済額となるので、残る3,600万円が再生計画において免除することが可能となる。そして、弁済計画は原則3年、最長5年であるから、上記の例でいえば、400万円を3年ないし5年で返済していくことになる。返済は毎月でなく3か月に1度でもよいとされている。最低弁済額となっているが、実務的にはこの最低弁済額をもって計画弁済額としているケー

債務総額	最低返済額
① 債務総額が100万円未満のとき	債務額（免除不可）
② 債務の総額が100万円以上500万円未満のとき	100万円
③ 債務の総額が500万円以上1,500万円以下のとき	債務の2割相当額
④ 債務の総額が1,500万円以上3,000万円以下のとき	300万円
⑤ 債務の総額が3,000万円を超え5,000万円以下のとき	債務の1割相当額

スがほとんどである。

　なお、債務の総額が5,000万円を超える（ただし、住宅ローンは債務総額から除く）場合には、個人再生手続を利用することができない。したがって、個人再生手続が利用できるのは、保証債務が5,000万円以下の場合に限られる。

　個人再生手続は通常再生手続と比べ、裁判所への予納金が低額に抑えられるなどのメリットがあるが、保証債務が5,000万円を超える場合には、**第5章**で説明した通常の民事再生手続を保証人個人として申し立て、その中で住宅資金特別条項を設けた再生計画の策定を図ることになる。

(3)　留意点

　その他、個人再生手続の留意点は次のとおりである。

　① 将来継続的にまたは反復して収入を得る見込みがあること

　個人再生手続は、申立人の要件として、将来継続的にまたは反復して収入を得る見込みがある人に限定される。破産手続と異なり借金のすべてを免除できるわけではなく、一定の金額を原則3年で返済していかなければならないため、その返済をするだけの収入がない人は個人再生手続を利用することはできない。もっとも、実務上この要件はさほど厳格に解釈されているわけではなく、正社員でなくても、年金受給者、アルバイト、パートであっても該当すると考えられている。

② 破産手続よりも多い返済をする必要があること

　住宅ローンが残っている場合は、「住宅資金特別条項」を利用することで、住宅ローンの期限の利益を回復させることができるが、住宅ローンを完済している場合は、当該住宅の価値相当額は再生計画において支払う必要がある。例えば、債務総額4,000万円であれば、上記表では最低弁済額は400万円となっているが、仮に住宅の価値が2,000万円であるとすれば、その価値相当額を3〜5年で返済しなければならない。

　これは清算価値保障原則といわれるもので、破産（清算）をした場合よりも多く返済する内容の計画とすることが求められる。上記例でいえば破産手続では自宅を売却することにより2,000万円を債権者に配当できる以上、個人再生手続の再生計画においても2,000万円以上の返済をしなければ、債権者にとって経済合理性がないと考えられるからである。

　したがって、住宅ローンが完済している場合は、（自宅の価値にもよるが）基本的には個人再生手続の利用は難しいといってよい。

③ 計画に対して債権者の同意が必要であること

　個人再生手続は、**第5章**で説明した通常の民事再生手続の特則であるから、策定した再生計画について債権者の過半数の同意が必要である。もっとも、通常の民事再生手続とは異なり、債権者からの積極的な同意が必要ではなく、消極的同意（再生計画に対して不同意ではない旨の意思表示）が過半数を超えれば足りることとなっており、その分、過半数の要件がより充たしやすくなっている。

　ちなみに、一部の政府系金融機関は、たとえ経済合理性のある再生計画を提示しても反対することがある。そのため、政府系金融機関に対する債務が総債務の過半数を占めるような場合は、④の給与所得者等再生手続の利用を検討することになる。

④ 給与所得者等再生手続

　将来継続的にまたは反復して収入を得る見込みのあることに加え、給与又はこれに類する定期的な収入を得る見込みがある者であって、かつ、その額の変動の幅が小さいと見込まれる場合には、給与所得者等再

生手続が利用できる。変動の幅が小さいとは年間で5分の1以上の変動幅がないことが実務上の基準となっている。したがって、役員報酬などはかかる「定期的な収入」と認められる。

　そして、同手続では、上述した最低弁済額に加えて、自己の可処分所得に応じた返済が求められる一方、再生計画に対する債権者の同意は不要（意見聴取で足りる。）とされている。したがって、総債権の過半数を超える債権を有する債権者が個人再生手続の利用に反対の意思を示している場合には、給与所得者等再生手続を選択することになる。

　もっとも、可処分所得によっては多額の返済が必要になることや、給与所得者等再生手続を選択し、認可された再生計画で定めた返済がその後に困難になった場合でも、再生計画の認可日から7年間の間は破産手続によっても免責を受けることができないので、留意が必要である。

⑷　破産手続との選択

　民事再生手続（通常の民事再生手続を含む）と破産手続との選択はどのように考えればよいだろうか。一般的には自宅など特に保持し続けたい財産がないような場合は破産手続を利用するのが良いと思われる。民事再生手続とは異なり、破産手続では、一般の債権がすべて免責されることになり、過去の債務を完全に断ち切ることができるからである。

　もっとも、保証人が資格を有しており、破産がその資格の欠格事由や取消事由になっている場合（弁護士、宅地建物取引主任者、一般建設業・特定建設業の役員など）は破産手続を選択することはできない。また、「破産」に対して本人が心理的抵抗を示す場合もある。そのような場合も民事再生手続を選択することになろう。

　それぞれの手続の効果、メリット・デメリットをよく検証した上で、適切な手続の選択が求められる。

第2節

私的整理手続による債務整理

　法的手続による債務整理の場合、いずれの手法によっても、信用情報機関に登録されることにより（いわゆるブラックリストに登録される）、以後相当の期間において、クレジットカードの利用ができなくなったり、自己が経営する企業において銀行取引ができなくなったりする。保証債務の債務整理の手法として法的手続しかなかった時代では、保証債務の存在が、経営が窮境に陥った場合に経営者が保証債務の顕在化をおそれて、債権カットなど抜本的な財務リストラクチャリングへの決断を阻害する大きな要因となっていた。

　そこで、近年では、法人の私的整理手続の中で保証人の保証責任の解除を求める計画を策定するという実務慣行が定着してきた。具体的には、保証人の財産を対象となる金融機関に対して開示し、一定の財産を残した上で、残りの財産を対象金融機関に弁済し、そのうえで対象金融機関より残額の免除を受けるというやり方である。もっとも、かかる実務上の対応は事案ごとに結論が左右され予見可能性に乏しく、依然として保証債務の存在が企業の早期の事業再生を阻害する要因となっており、保証債務の整理の際の準則となるガイドラインが必要であるという声が挙げられるようになった。

　そうした中で、日本商工会議所、全国銀行協会が、国（金融庁・中小企業庁）などの協力を得ながら、保証債務の整理の際の対応指針として平成25年12月に定められたのが、「経営者保証に関するガイドライン」である（以下「ガイドライン」という）。

　なお、ガイドラインではもう一つの指針として、経営者保証に依存しない中小企業向け融資の在り方の指針も「入口論」として示されているが、本書では「出口論」としての保証債務の整理の在り方について述べる。

以下、ガイドラインとガイドライン Q&A をもとに、解説していく。

❶ ガイドラインの概要[1]

(1) 適用対象

　ガイドラインの適用対象となり得る保証契約の要件には、①主債務者が中小企業であり、②原則として保証人が経営者であること、③主債務者・保証人双方が弁済について誠実であり、債権者の請求に応じ、財産状況等を適時開示していること、④主債務者・保証人双方が反社会的勢力でなく、そのおそれもないことが、挙げられている（ガイドライン 3 項）。

　そして、①中小企業については、必ずしも中小企業基本法に定める中小企業者・小規模事業者に該当する法人に限定しておらず、その範囲を超える企業等も対象になり得るとされている（ガイドライン Q&A【総論 Q3】）。また、②経営者とは原則として代表者でなくても、実質的な経営権を有している者、営業許可名義人、経営者と共に事業に従事する当該経営者の配偶者、経営者の健康上の理由のため保証人となる事業承継予定者等も含まれると考えられており（ガイドライン Q&A【総論 Q4】）、実務上も第三者保証の場合でもあっても幅広く適用されている。

　さらに、③主たる債務者及び保証人の双方が、弁済について誠実であること、財産状況等について適時適切に開示していることという要件は、債務整理着手後や一時停止後の行為に限定されるものではない。しかしながら、債務整理着手前や一時停止前において、主たる債務者又は保証人による債務不履行や財産状況等の不正確な開示があったこと（いわゆる粉飾決算）などをもって直ちにガイドラインの適用が否定されるものではなく、債務不履行や財産の状況等の不正確な開示の金額及びその態様、私的流用の有無等を踏まえた動機の悪質性といった点を総合的に勘案して判断すべきとされている（ガイドライン Q&A【各論 Q3−3】）。昨今、粉飾決算の問

1　「経営者保証に関するガイドライン Q&A」（最終改正令和元年 10 月 15 日）

題が指摘されているが、粉飾が存在するからといって、直ちにガイドラインの適用が排除されるわけではないことは注目に値する。なお、債務整理着手後や一時停止後における適時適切な開示等の要件が厳格に適用されることは当然である。

(2)　保証人の要件

　ガイドラインに基づく保証債務の整理の対象となり得る保証人の要件として、ガイドラインは以下の要件をすべて充足する必要があるとしている（ガイドライン7項(1)）。

　そして、当該要件を充たした債務者からの申し出については、対象債権者は、誠実に対応することが求められている。

①　対象債権者と保証人との間の保証契約がガイドライン3項の全ての要件を充足すること

②　主たる債務者が破産手続、民事再生手続、会社更生手続若しくは特別清算手続（以下「法的債務整理手続」という。）の開始申立て又は利害関係のない中立かつ公正な第三者が関与する私的整理手続及びこれに準ずる手続（中小企業再生支援協議会による再生支援スキーム、事業再生ADR、私的整理ガイドライン、特定調停等をいう。以下「準則型私的整理手続」という）の申立てをこのガイドラインの利用と同時に現に行い、又は、これらの手続が係属し、若しくは既に終結していること

③　主たる債務者の資産及び債務並びに保証人の資産及び保証債務の状況を総合的に考慮して、主たる債務及び保証債務の破産手続による配当よりも多くの回収を得られる見込みがあるなど、対象債権者にとっても経済的な合理性が期待できること

④　保証人に破産法252条1項（第10号を除く。）に規定される免責不許可事由が生じておらず、そのおそれもないこと

　このうち、②は主債務の処理について記載しているものであるが、主債務の整理は私的整理手続だけでなく、法的整理手続でもガイドラインを適用することが可能であるという点に留意されたい。すなわち、法人が破産

手続に移行した場合であっても、保証人はガイドラインを適用することによって破産手続によらずに保証債務の整理をすることができることが明確になっている。

また、法人の債務を私的整理で処理する場合には、当該私的整理が利害関係のない中立かつ公正な第三者が関与する準則型の私的整理手続である必要がある。したがって、主たる債務者と対象債権者が相対で行う広義の私的整理は、対象債権者全員がガイドライン適用に同意する等の理由がない限り「準則型私的整理手続」には該当しない。

④について、「免責不許可事由が生じておらず」とは、保証債務の整理の申し出前において、破産法に定める免責不許可事由が生じていないことを指し、「そのおそれもないこと」とは、保証債務の整理の申し出から弁済計画の成立までの間において、免責不許可事由に該当する行為をするおそれのないことをいう。

もっとも、上述したように、債務整理着手前や一時停止前において、主たる債務者又は保証人による債務不履行や財産状況等の不正確な開示があったこと（いわゆる粉飾決算）などをもって直ちにガイドラインの適用が否定されるものではなく、それらの事実が直ちに、「免責不許可事由」が生じていたことにはならない。

③については、ガイドラインのもっとも中心的な特徴であり、この点は後述する。

(3) 保証債務の整理の手続

ガイドラインに基づく保証債務の整理を実施する場合においては、主たる債務と保証債務の一体整理を図るとき（以下「一体型」という）と、主たる債務について法的債務整理手続が申し立てられ、保証債務のみについてその整理を行う必要性がある場合等、主たる債務と保証債務の一体整理が困難なため、保証債務のみを整理するとき（以下「単独型」という）に分けられる。

そして、一体型の場合は、主たる債務の整理に当たって、準則型私的整

理手続を利用する場合、保証債務の整理についても、原則として、準則型私的整理手続を利用することとし、主たる債務との一体整理を図るよう努めることが求められる。具体的には、準則型私的整理手続に基づき主たる債務者の弁済計画を策定する際に、保証人による弁済計画もその内容に含めることになる。これに対し、単独型の場合、原則として、保証債務の整理に当たっては、当該整理にとって適切な準則型私的整理手続（中小企業再生支援協議会による再生支援スキーム、特定調停等）を利用することになる。

　以下では、代表的な準則型私的整理手続の特徴を俯瞰する。

---

① 中小企業再生支援協議会による再生支援スキーム

　中小企業再生支援協議会（以下「協議会」という）は中小企業の事業再生に向けた取り組みを支援する公的機関であり、産業競争力強化法に基づき、全国47都道府県に1か所ずつ拠点が設置されている。強力な調整力を有し、また公的機関であるため比較的安価で手続を遂行することが可能である。協議会は一体型、単独型のいずれの対応も可能となっている。

② 事業再生ADR手続

　事業再生ADRとは、裁判外紛争解決手続の利用の促進に関する法律に基づいて、法務大臣の認証を受けた認証紛争解決事業者（一般社団法人事業再生実務家協会）が、経済産業省令で定める基準に適合する方法で実施する事業再生の手法である。民間の認証紛争解決事業者による手続ではあるものの、公正中立かつ事業再生に精通した専門家が関与することにより、適切な事業再生処理が可能となっている。

　一体型での利用が想定されており、費用は他の準則型私的整理に比べれば高額となっているので、上場企業や比較的大規模な中小企業の利用が想定されている。

③ 特定調停手続

　特定調停手続とは、債務の返済ができなくなるおそれのある債務者（特定債務者）の経済的再生を図るため、特定債務者が負っている金銭債務に係る利害関係の調整を行うことを目的とする手続である。

　特定調停手続は簡易裁判所にて行われ、費用も印紙代のみと廉価であり、一体型、単独型のいずれも利用が可能である。

特定調停手続では、裁判所は、調停委員会の調停が成立する見込みがない場合において相当であると認めるときは、当該調停委員会を組織する民事調停委員の意見を聴き、当事者双方のために衡平に考慮し、一切の事情を見て、職権で、当事者双方の申立ての趣旨に反しない限度で、事件の解決のために必要な決定をすることができるとされている（民事調停法17条。「17条決定」と呼ばれる）。
　この17条決定を活用することにより、再生計画案に積極的には同意できないが裁判所の決定であれば異議を述べないというような消極的同意の意向を示している債権者に対しても対応が可能であるなど、他の準則型私的整理手続にはない特徴を有する。

　このように、保証債務をガイドラインにて整理する場合には、主たる債務と一体的に処理するか、単独で処理するか、処理する場合の手続についてどれを選ぶかなど、多彩なメニューが用意されているので、それぞれの手続の効果、メリット・デメリットをよく検証した上で、適切な手続の選択が求められる。

⑷　具体的な手続の流れ

　経営者保証人が、ガイドラインに基づく保証債務の整理を図る場合には、まず当該手続において対象となる金融機関に対して、以下の要件を充足する一時停止等の要請を行うことになる。そして、一時停止等の要請が行われた場合、対象金融機関は、その要請に対して誠実かつ柔軟に対応するよう努めなければならないとされている（ガイドライン7項⑶①）

①　原則、一時停止の要請が、主債務者、保証人、支援専門家が連名した書面によること
②　全ての対象債権者に対して同時に行われること
③　主債務者及び保証人が手続申立前から弁済等について誠実に対応し、対象債権者との間で良好な取引関係が構築されてきたと対象債権者により判断されうること

①一時停止の要請に連名する支援専門家とは、保証人の代理人弁護士や顧問税理士も含まれうるとされており、会社の代理人が保証人の支援専門家になることも否定されていない。もっとも、その場合は、会社と保証人との間に利益相反関係の顕在化に注意する必要がある（ガイドライン Q&A【各論 Q5−8】）。

また、②対象債権者とは、中小企業に対する金融債権を有する金融機関等であって、現に経営者に対して保証債権を有するもの、又は将来これを有する可能性のあるものをいい、信用保証協会（代位弁済前も含む）、既存の債権者から保証債権の譲渡を受けた債権回収会社（サービサー）、公的金融機関等も含まれる（ガイドライン Q&A【各論 Q1−1】）。

こうして、保証人が一時停止を行い、ガイドラインの趣旨に沿った弁済計画を提示した場合は、対象債権者は、保証人がガイドライン第7項(1)の適格要件を充足しない、一時停止等の要請後に無断で財産を処分した、必要な情報開示を行わないなどの事由により、債務整理手続の円滑な実施が困難な場合（合理的な不同意事由）がない限り、弁済計画に同意して、当該債務整理手続の成立に向けて誠実に対応することが求められている（ガイドライン7項(3)）。

(5)　経済合理性の考え方

保証人が保証債務の整理を申し出ることの要件として、主たる債務者の資産及び債務並びに保証人の資産及び保証債務の状況を総合的に考慮して、主たる債務及び保証債務の破産手続による配当よりも多くの回収を得られる見込みがあるなど、対象債権者にとっても経済的な合理性が期待できることが必要であることは上述したとおりである（ガイドライン7項(1)ハ））。

保証人の弁済計画を策定する上で、破産手続における配当よりも多く返済しなければならないという、清算価値保障原則を充たす計画を策定する必要があることは個人再生手続と同様であるが、上記要件はかかる清算価値保障原則を明文化したものである。ただ、その際、単に保証人単独で清

算価値保障原則を充たす必要はなく、主たる債務の返済額も考慮することができるというのがガイドラインの最大の特徴である。

以下、主債務の債務整理の手法ごとに分けて具体例を示しながら経済合理性の考え方を示す（ガイドライン Q&A【各論 Q7−4】）。なお、具体例は読者の理解のために単純化していることに留意されたい。

ア　主債務を再生型手続によって整理する場合

主債務を再生型手続（民事再生手続など）で整理する場合には、以下の①の額が②の額を上回る場合にはガイドラインの弁済計画に経済合理性があると認められる。

① 主たる債務及び保証債務の弁済計画（案）に基づく回収見込額（保証債務の回収見込額にあっては、合理的に見積もりが可能な場合。以下同じ）の合計金額

② 現時点において主たる債務者及び保証人が破産手続を行った場合の回収見込額の合計金額

例えば、保証人が無担保の自宅（価値 2,000 万円）を有していることを前提に、法人の再生計画において弁済額が 1 億円、保証人の弁済計画において弁済額が 500 万円という計画を策定したとする。そして、現時点で法人、保証人それぞれが破産手続を行った場合の配当見込額が法人 5,000 万円、保証人 2,000 万円とする。

その場合、①主たる債務及び保証債務の弁済計画（案）に基づく回収見込額の合計金額は 1 億 500 万円であるのに対し、②現時点において主たる債務者及び保証人が破産手続を行った場合の回収見込額の合計金額は 7,000 万円であるから、①の額が②の額を上回り、ガイドラインの弁済計画は経済合理性があると認められることになる。

保証人だけで清算価値保障原則を充たすとすれば、価値 2,000 万円の無担保の自宅を有しているから、破産手続でも 2,000 万円の配当が見込まれ、本来、保証人の弁済計画では 2,000 万円以上の返済をする必要があるところ、経済合理性の判定にあたって、主たる債務の返済額も考慮す

ることができることから、保証人単独では清算価値保障原則を充たさない
ような計画でも経済合理性があると認められるのである。この結果、ガイ
ドラインでは自宅を維持したまま、すなわち、自宅の価値を弁済額に加味
することなく、保証債務の整理をすることが可能となった。

イ　主債務を清算型手続によって整理する場合

主債務を破産手続のような清算型手続によって整理する場合は、以下の
①の額が②の額を上回る場合には、ガイドラインの弁済計画に経済合理性
があると認められる。

①　現時点において清算した場合における主たる債務の回収見込額及び
保証債務の弁済計画（案）に基づく回収見込額の合計金額

②　過去の営業成績等を参考としつつ、清算手続が遅延した場合の将来
時点（将来見通しが合理的に推計できる期間として最大3年程度を想定）
における主たる債務及び保証債務の回収見込額の合計金額

主債務が清算手続の場合は、再生手続のような再生計画に基づく弁済額
を観念できないので、清算手続が遅延した場合の将来時点の回収額を仮定
し、それを考慮することができることになっている。

例えば、保証人が無担保の自宅（価値2,000万円）を有していることを
前提に、現時点で法人、保証人それぞれが破産手続を行った場合の配当見
込額が法人5,000万円、保証人2,000万円とし、保証人の弁済計画にお
いて弁済額が500万円という計画を策定したとする。そして当該法人の
直近の決算において1,500万円の営業赤字であったとすれば、同様の状
況が3年間続くと仮定すれば3年後の法人の破産手続における配当見込
額は500万円となる。なお、保証人は自宅をそのまま保有し続けるので
3年後の配当見込額も2,000万円であることに変わりはない。

その場合、①現時点において清算した場合における主たる債務の回収見
込額及び保証債務の弁済計画（案）に基づく回収見込額の合計金額が
5,500万円であるのに対し、②過去の営業成績等を参考としつつ、清算手
続が遅延した場合の将来時点における主たる債務及び保証債務の回収見込

額の合計金額は 2,500 万円であるから、①の額が②の額を上回り、ガイドラインの弁済計画は経済合理性があると認められることになる。

　ここでも、保証人だけで清算価値保障原則を充たすとすれば、本来、保証人の弁済計画では 2,000 万円以上の返済をする必要があるところ、経済合理性の判定にあたって、将来時点における主たる債務の回収見込額の減少も考慮することができることから、保証人単独では清算価値保障原則を充たさないような計画でも経済合理性があると認められるのである。

　この結果、法人について破産手続を行ったとしても、ガイドラインでは自宅を維持したまま、すなわち、自宅の価値を弁済額に加味することなく、保証債務の整理をすることが可能となった。

⑹　残存資産の範囲

　ガイドラインでは、保証債務の弁済計画の経済合理性を主債務と保証債務を一体として判断することにしている。これは、保証人に破産手続における自由財産を超える一定の資産（以下「インセンティブ資産」という）を残存させることを認める内容の弁済計画を策定する場合、インセンティブ資産の額に相当する分だけ、対象債権者の回収額は保証人が破産した場合よりも減少することになるので、保証人単独では清算価値保障原則を充たせず、経済合理性がないことになってしまうことを回避するためにある。

　逆にいえば、ガイドラインはインセンティブ資産を残存させることを認めるために、保証債務の弁済計画の経済合理性を主債務と保証債務を一体として判断することにしたとも評価できる。

　そして、ガイドライン上、残存資産の範囲は、以下のような点を総合的に勘案して決定されるとされている（ガイドライン 7 項(3)③）。

　イ）保証人の保証履行能力や保証債務の従前の履行状況

　ロ）主たる債務が不履行に至った経緯等に対する経営者たる保証人の帰責性

　ハ）経営者たる保証人の経営資質、信頼性

　ニ）経営者たる保証人が主たる債務者の事業再生、事業清算に着手した

時期等が事業の再生計画等に与える影響

ホ）破産手続における自由財産（破産法第34条第3項及び第4項その他の法令により破産財団に属しないとされる財産をいう。以下同じ）の考え方や、民事執行法に定める標準的な世帯の必要生計費の考え方との整合性

　そして、上記ニ）に関連して、上述したように、ガイドラインでは保証人の弁済計画の経済合理性を主債務と一体として検討することにより、経営者たる保証人による早期事業再生等の着手の決断が、主たる債務者の事業再生の実効性の向上等に資するとともに、対象債権者への弁済額も向上させるものとして捉えられ（一般的に窮境状態にある企業が事業再生等に着手するのが遅れれば遅れるほど、対象債権者への弁済額も低下する傾向にある）、その回収見込額の増加額を、当該経営者たる保証人（早期の事業再生等の着手の決断に寄与した経営者以外の保証人がある場合にはそれを含む）の残存資産に含めることが可能となっている。

　具体的には、以下において計算される金額を上限として各資産の種類ごとに残存資産の範囲の目安が定められている。なお、上述のとおり、具体例は読者の理解のために単純化していることに留意されたい。

ア　主債務を再生型手続によって整理する場合

　主債務を再生型手続（民事再生手続など）で整理する場合には、合理的に見積もりが可能な場合には、①から②を控除した金額が残存資産の上限となる。なお、保証人の資産の売却額が、現時点において保証人が破産手続を行った場合の保証人の資産の売却額に比べ、増加すると合理的に考えられる場合は、当該増加分の価額も加えて算出することができるとされている（ガイドライン Q&A【各論 Q7-16】）。

①　主たる債務の弁済計画（案）に基づく回収見込額

②　現時点において主たる債務者が破産手続を行った場合の回収見込額

例えば、法人の再生計画において弁済額が1億円、現時点で法人が破産手続を行った場合の配当見込額が法人5,000万円とする。

　この場合、①主たる債務の弁済計画（案）に基づく回収見込額は1億円であるのに対し、②現時点において主たる債務者が破産手続を行った場合の回収見込額は5,000万円であるから、①から②を控除した5,000万円が残存資産の上限額となる。

　また、保証人が別荘（価値2,000万円）を有していることを前提に、同じように、法人の再生計画において弁済額が1億円、現時点で法人が破産手続を行った場合の配当見込額が法人5,000万円とする。

　この場合、保証人の弁済計画において別荘を売却することにし、2,000万円で売却ができたという場合に、保証人の破産手続によって当該別荘を売却しようとすれば、早期売却価格（債務者が倒産した状況を前提に、直ちに不動産を処分し、事業を清算することを想定した価格）での売却を余儀なくされ、1,400万円での売却しか見込めないという場合には、その差額も加算することができる。すなわち、①から②を控除した5,000万円に差額600万円（2,000万円−1,400万円）を加算した5,600万円が残存資産の上限となる。

イ　主債務を清算型手続によって整理する場合

　主債務を破産手続のような清算型手続によって整理する場合は、合理的に見積もりが可能な場合には、①から②を控除した金額が残存資産の上限となる。なお、保証債務の整理を準則型私的整理手続にて行う場合、保証人の資産の売却額が、破産手続を行った場合の資産の売却額に比べ、増加すると合理的に考えられる場合は、当該増加分の価額も加えて算出することができるとされている（ガイドラインQ&A【各論Q7−16】）。

①　現時点において清算した場合における主たる債務及び保証債務の回収見込額の合計金額

②　過去の営業成績等を参考としつつ、清算手続が遅延した場合の将来時点（将来見通しが合理的に推計できる期間として最大3年程度を想定）における主たる債務及び保証債務の回収見込額の合計金額

例えば、保証人が無担保の自宅（価値2,000万円）を有していることを前提に、現時点で法人、保証人それぞれが破産手続を行った場合の回収見込額が法人5,000万円、保証人2,000万円とする。そして当該法人の直近の決算において1,500万円の営業赤字であったとすれば、同様の状況が3年間続くと仮定すれば、3年後の法人の破産手続における回収見込額は500万円となる。なお、保証人は自宅をそのまま保有し続けるので3年後の配当見込額も2,000万円であることに変わりはない。

　この場合、①現時点において法人、保証人それぞれが破産手続を行った場合の回収見込額の合計金額が7,000万円であるのに対し、②過去の営業成績等を参考としつつ、清算手続が遅延した場合の将来時点における主たる債務及び保証債務の回収見込額の合計金額は2,500万円であるから、①から②を控除した4,500万円が残存資産の上限となる。

　また、同様の事例において、保証人が無担保の自宅（価値2,000万円）の他に、別荘（価値1,000万円）を有していることを前提に、現時点で法人、保証人それぞれが破産手続を行った場合の回収見込額が法人5,000万円、保証人3,000万円とし、清算手続が遅延した場合の将来時点における主たる債務及び保証債務の回収見込額の合計金額は3,500万円（法人の破産手続における回収見込額500万円、保証人は自宅も別荘もそのまま保有し続けるので3年後の配当見込額も3,000万円のままである）とする。

　この場合、保証人の弁済計画において別荘を売却することにし、1,000万円で売却ができたという場合に、保証人の破産手続によって当該別荘を売却しようとすれば、早期売却価格600万円での売却しか見込めないという場合には、その差額も加算することができる。すなわち、①から②を控除した4,500万円に差額400万円（1,000万円－600万円）を加算した4,900万円が残存資産の上限となる。

ウ　財産の種類ごとの残存資産の目安

　上述した残存資産の上限は、その上限の範囲内であれば必ず残存資産として残すことが認められるというものではない。ガイドラインでは各財産の種類ごとに一定の制限が課せられている。もっとも、当事者の合意に基づき、個別の事情を勘案し、回収見込額の増加額の範囲内であれば、かかる目安を超える資産を残存資産とすることも差し支えないとされている（ガイドラインQ&A【各論Q7−14】）。

①　破産法に定める自由財産

　破産手続における自由財産（現金99万円及び差押禁止財産）が残存資産に含まれることは当然である。

②　一定の生計費に相当する現預金

　経営者たる保証人が、自由財産に加えて、安定した事業継続等のため、一定期間の生計費に相当する現預金を残存資産に含めることを申し出た場合、対象債権者は、準則型私的整理手続における利害関係のない中立かつ公正な第三者の意見も踏まえつつ、当該申出の応否や保証人の手元に残す残存資産の範囲について検討することとされている。

　一定の生計費に相当する現預金とは、保証人の年齢に応じ以下の目安が定められている。

年齢	現預金
30歳未満	99万円〜198万円
30歳以上35歳未満	99万円〜264万円
35歳以上45歳未満	99万円〜297万円
45歳以上60歳未満	99万円〜363万円
60歳以上65歳未満	99万円〜264万円

　なお、③で述べる「華美でない自宅」を残すことにより保証人に住居費が発生しない場合は、一般的な住居費相当額をかかる「生計費」から控除する調整も一般的に行われている。

③　華美でない自宅

　一定期間の生計費に相当する現預金に加え、残存資産の範囲を検討する場合、「華美でない自宅」については、回収見込額の増加額を上限として残存資産に含めることもできる。

　「華美でない」かどうかについて一義的な定義はないが、自宅の評価額、築年数、面積、外観、同居者の有無や数、扶養家族や要介護者の有無などを総合的に判断するとされており、実務上「華美」であると評価されるケースは稀であると思われる。

　なお、ガイドラインに基づく保証債務の弁済計画の効力は保証人の資産に対する抵当権者には及ばないので、当該抵当権者は、弁済計画の成立後も、保証人に対して抵当権を実行する権利を有する。

　ただし、ガイドラインに基づく弁済計画においては、当該計画の履行に重大な影響を及ぼすおそれのある債権者を対象債権者に含めることが可能であるため、例えば、自宅等に対する抵当権の実行により、弁済計画において想定されている保証人の生活の経済的再建に著しく支障を来すような場合には、保証人が、当分の間住み続けられるよう、抵当権者である債権者を対象債権者に含めた上で、保証人の収入等を勘案しつつ、弁済計画の見直しを行い、抵当権を実行する代わりに、保証人が、当該資産の「公正な価額」に相当する額を抵当権者に対して分割弁済する内容等を当該計画に盛り込むことも可能である（ガイドライン Q&A【各論 Q7-19】）。

④　主たる債務者の実質的な事業継続に最低限必要な資産

　主たる債務者の債務整理が再生型手続の場合で、本社、工場等、主たる債務者が実質的に事業を継続する上で最低限必要な資産が保証人の所有資産である場合は、原則として保証人が主たる債務者である法人に対して当該資産を譲渡し、当該法人の資産とすることにより、保証債務の返済原資から除外することができる。なお、保証人が当該法人から譲渡の対価を得る場合には、原則として当該対価は保証債務の返済原資となるものの、残存資産に含めることも可能である（ガイドライン Q&A【各論 Q7-14-2】）。

⑤　その他資産

　一定期間の生計費に相当する現預金に加え、残存資産の範囲を検討する場合において、生命保険等の解約返戻金、敷金、保証金、電話加入権、自家用車その他の資産については、破産手続における自由財産の考え方や、その他の個別事情を考慮して、回収見込額の増加額を上限として残存資産に含めることは可能である。

　例えば、経営者が高齢若しくは持病があり新たに生命保険に加入することが困難である場合や地方に居住しており日々の生活に車が不可欠であり、今後ローンなどで車を購入することが現実的ではないような場合は、回収見込額の増加額の範囲内であればそれぞれ保持し続けることが可能となる。

＊　　　　　　　　　　　　　　＊

　このように、経営者たる保証人による早期事業再生や清算等の着手の決断が早ければ早いほど、法人に対する対象債権者の回収見込額も増加し、それに伴いインセンティブ資産として保証人が残せる範囲も増大するという関係になっている。

　そして、ガイドラインは事業再生時に経営者を退任する場合や事業清算後に新たな事業を開始しない場合にも適用されると解されており（ガイドライン Q&A【各論 Q7−15】）、事業を継続する場合だけでなく、リタイアする場合であっても早期決断を促すインセンティブとなっている。

　もっとも、インセンティブ資産は、主債務の整理手続の終結後に保証債務の整理を開始したときにおける残存資産には適用されない。これは、主債務の整理手続の終結後では、自由財産の範囲を超えて保証人に資産を残すことについて、対象債権者にとっての経済合理性が認められないことによるものである。

　したがって、ガイドラインに基づく保証債務の整理の申立ては、遅くとも、主債務の整理手続の係属中に開始する必要があることに留意しなければならない（ガイドライン Q&A【各論 Q7−20】）。

⑺　弁済計画

　保証債務の弁済計画案は、以下の事項を含む内容を記載することが原則とされている（ガイドライン7項(3)④）。

① 　保証債務のみを整理する場合には、主たる債務と保証債務の一体整理が困難な理由及び保証債務の整理を法的債務整理手続によらず、このガイドラインで整理する理由

② 　財産の状況（財産の評定は、保証人の自己申告による財産を対象として、残存資産を除いた財産を処分するものとして行う。なお、財産の評定の基準時は、保証人がこのガイドラインに基づく保証債務の整理を対象債権者に申し出た時点（保証人等による一時停止等の要請が行われた場合にあっては、一時停止等の効力が発生した時点をいう。）とする）

③ 　保証債務の弁済計画（原則5年以内）

④ 　資産の換価・処分の方針

⑤ 　対象債権者に対して要請する保証債務の減免、期限の猶予その他の権利変更の内容

　なお、保証人が、対象債権者に対して保証債務の減免を要請する場合の弁済計画には、当該保証人が上記の財産の評定の基準時において保有する全ての資産（残存資産を除く）を処分・換価して得られた金銭をもって、担保権者その他の優先権を有する債権者に対する優先弁済の後に、全ての対象債権者（ただし、債権額20万円以上の債権者に限る）に対して、それぞれの債権の額の割合に応じて弁済を行い、その余の保証債務について免除を受ける内容を記載する必要がある。

　また、上述したとおり、自宅の住宅ローンが残っている場合は、自宅を処分対象資産から除外し、住宅ローン債権者を対象債権者に含めた上で、保証人の収入等を勘案しつつ、保証人が、当該自宅の「公正な価額」に相当する額を住宅ローン債権者に対して分割弁済する内容等を盛り込むことも可能である。

　そして、ガイドラインを適用した結果、保証人の資産が自由財産若しく

はインセンティブ資産の範囲内に収まることもあるが、そのような場合は保証債務に対する返済は0となる計画となり、かかる計画もガイドラインに合致するものとして認められている。

(8) 経営責任

ガイドラインでは、中小企業の経営者の経営責任について、法的債務整理手続の考え方との整合性に留意しつつ、結果的に私的整理に至った事実のみをもって、一律かつ形式的に経営者の交代を求めないこととされている。具体的には、以下のような点を総合的に勘案し、準則型私的整理手続申立て時の経営者が引き続き経営に携わることに一定の経済合理性が認められる場合には、これを許容することとする（ガイドライン7項(3)②）。

① 主たる債務者の窮境原因及び窮境原因に対する経営者の帰責性
② 経営者及び後継予定者の経営資質、信頼性
③ 経営者の交代が主たる債務者の事業の再生計画等に与える影響
④ 準則型私的整理手続における対象債権者による金融支援の内容

そして、準則型私的整理手続申立て時の経営者が引き続き経営に携わる場合の具体的な経営責任については、上記帰責性等を踏まえた総合的な判断の中で、保証債務の全部又は一部の履行、役員報酬の減額、株主権の全部又は一部の放棄、代表者からの退任等により明確化を図るとされている。

❷ ガイドラインの効果

ガイドラインでは、以下の全ての要件を充足する場合には、対象債権者は、保証人からの保証債務の一部履行後に残存する保証債務の免除要請について誠実に対応するとされており、保証債務の免除が可能となっている（ガイドライン7項(3)⑤）。

①　保証人は、全ての対象債権者に対して、保証人の資力に関する情報を誠実に開示し、開示した情報の内容の正確性について表明保証を行うこととし、支援専門家は、対象債権者からの求めに応じて、当該表明保証の適正性についての確認を行い、対象債権者に報告すること
②　保証人が、自らの資力を証明するために必要な資料を提出すること
③　保証債務の弁済計画（一体型の場合は主債務の弁済計画も含む）が、対象債権者にとっても経済合理性が認められるものであること
④　保証人が開示し、その内容の正確性について表明保証を行った資力の状況が事実と異なることが判明した場合（保証人の資産の隠匿を目的とした贈与等が判明した場合を含む。）には、免除した保証債務及び免除期間分の延滞利息も付した上で、追加弁済を行うことについて、保証人と対象債権者が合意し、書面での契約を締結すること

　このように、保証人は自己の資産を開示し、開示した情報の内容の正確性について表明保証を行ったうえで（支援専門家の確認を経た上で）、ガイドラインに基づく弁済計画がすべての対象債権者から同意を得られた場合には、弁済計画に基づく弁済を実施することにより残債務の免除、すなわち保証を解除することが可能となる。
　なお、ガイドラインに沿って残存保証債務を減免・免除する場合、対象債権者から保証人に対する利益供与は発生していないから、保証人及び対象債権者ともに課税関係は生じないことが確認されている（ガイドラインQ&A【各論Q7－32】）。
　また、ガイドラインによる債務整理を行った保証人について、対象債権者は、当該保証人が債務整理を行った事実その他の債務整理に関連する情報（代位弁済に関する情報を含む）を、信用情報登録機関に報告、登録しないことが求められており（ガイドライン8項(5)）、保証人はブラックリストに載ることなく、保証債務の整理が可能となった。

❸ 手続の選択

　ガイドラインの制定後、金融庁のホームページ（https://www.fsa.go.jp/policy/hoshou_jirei/index.html）によれば、メイン行としてガイドラインに基づく保証債務の整理を成立させた件数は、近年では年間200〜300件を数えており、ガイドラインは金融機関に対しても周知されたと考えてよい。

　そして、ガイドラインは非公開の手続で行われ、主たる債務者、保証人及び対象債権者は、保証債務の整理の過程において、共有した情報について相互に守秘義務を負うとされており（ガイドライン2項(3)）、官報公告などによって債務整理の事実が公表されてしまう法的整理手続とは異なり、保証人の信用毀損も回避することができる。

　さらに、信用情報登録機関に報告、登録されないこと、主債務と一体として経済合理性を判断することができること、自由財産を超えるインセンティブ資産を残すことができることからすれば、現在では、ガイドラインは保証人の保証債務の整理にあたって最も有効な手法であり、最初に検討すべき手続ということになる。

　もっとも、それは主債務の整理（事業再生）に早期に着手することによりインセンティブが生じるのであって、その決断が遅れては残存資産の範囲も自ずと狭まることになる。

　ガイドラインの制定は、経営者により早期の事業再生、清算への決断を促すものとして捉えられるべきものである。

　最後に、ガイドラインの利用に関して留意点を述べる。ガイドラインはあくまでも経営者の金融機関に対する個人保証が対象であり、保証人の個人債務（カードローン等）は対象とされていない。また、対象となる債権は金融取引に基づく金融債権であるから、リース（リースでもファイナンス・リースの場合は金融取引に該当するケースもありうる）や商取引に関する保証債務の対象外である。この場合、対象債権者がガイドラインに即して保証人に資産を残した場合においても、ガイドラインの適用を受けない

他の債権者が残存資産からの回収を求めた場合、結局、保証人に資産は残らず、また、債権者間の衡平性が確保されないことになるため、「弁済計画の履行に重大な影響を及ぼす恐れのある債権者」（ガイドライン7項(3)④ロ））として、ガイドラインの対象債権者に含めることも検討すべきである。

　もっとも、ガイドラインは金融機関以外の債権者にも周知・理解されているわけではないので、そのような債権者をガイドラインの対象債権者に含めても、必ずしもガイドラインの趣旨に沿った対応が期待できない場合もある。また、金融機関からもそのような債権者を対象債権者とすることに異議が出る場合もある。

　その場合は、それらの債権についてはガイドラインの対象外として、そのまま新得財産から弁済を継続するか、一定程度の弁済を実施して残りを免除してもらうなどの個別対応が求められる。そのような対応をしたとしても、新得財産は元々対象債権者に対する弁済の引き当てになっておらず、またガイドラインは対象外となる債権との同一扱いまで求めているものではないから、特段、衡平を害するとはいえないと考えられる。

　もっとも、保証人の個人債務が多額に存在し、借入先も消費者金融など、ガイドラインの対象債権者とすることも困難が予想され、任意整理よる債務免除や新得財産から弁済を継続していくことも難しいような場合は、ガイドラインではなく法的整理による債務整理を選択せざるを得ないであろう。

　ガイドラインの申立てにあたっては、金融機関に対する保証債務以外の債務の状況を正確に把握することが非常に重要である。

（廣瀬　正剛）

EXTRA

各種場面における
賃貸借契約の
取扱い

賃貸人（貸主・大家）において法的整理手続（破産・民事再生・会社更生）が開始された場合

　Y（賃借人）は、X（賃貸人）との間でXが所有する甲ビルの1室について賃貸借契約を締結して入居している。賃料は月額50万円、敷金300万円（月額賃料の6か月分）を差し入れている。

　本節では、このときXにおいて法的整理手続が開始された場合について、解説していく。

❶ 破産手続が開始された場合

(1)　賃貸借契約の存続・終了

　賃借物件は、賃借人の生活や事業・商売の拠点である。賃借人に何の落ち度も解除原因もないのに、賃貸人において破産手続が開始された途端、賃貸借契約が終了し転居を余儀なくされては堪らない。

　賃貸人に破産手続が開始された場合でも、賃借人が任意に賃貸借契約の解除を申し出て退去する場合や、賃借人が賃貸人の破産手続開始前から数か月間賃料を滞納しており賃料不払い等を理由に賃貸人（破産管財人）が解除できる場合を除き、賃借権の登記又は引渡し（入居）を受けていて第三者に賃借権を主張できる（賃借権を対抗できる）賃借人に対しては、賃貸人の破産管財人は賃貸借契約を解除することはできない（破56条1項）[1]。

　したがって、設例のXY間の賃貸借契約は原則として存続することにな

1　これに対し、賃借権に対抗力がない場合は、双方未履行双務契約として、破産管財人は自由に賃借人との賃貸借契約を解除できる（破53条1項）。

る。ただし、当然であるが賃貸借契約が継続してＹが使用収益できる状態にある以上、Ｙには賃料支払義務があり、賃料の支払いを怠れば賃料不払いを理由に契約を解除されるリスクがある。なお、賃料を前払いしていた場合の措置については(4)で説明する。

(2)　賃貸物件が任意売却された場合

　前項のとおり、賃貸人において破産手続が開始されても、賃借権に対抗力がある場合には、原則として賃貸借契約は存続するので、破産管財人が賃貸物件を売却するとしても、賃貸中のままで売却するしかない。

　ただし、例えば買手の会社が購入したビル一棟を自社で使用する計画やビル一棟をリニューアルしてグレードアップさせて現行の賃料より高額な賃料で賃貸する計画があり、破産管財人が今の入居者に立退料を支払ってでも退去させてから売却したほうが入居者付きで売却するよりも高額で買ってもらえるような場合には、破産管財人は賃借人に対して適正な立退料を支払う代わりに後に述べる敷金や保証金の返還請求権を放棄してもらって合意解除の和解をすることも例外的にある。

　そのような例外的な場合を除き、賃貸中のまま売却したほうが買手にとっても新規の募集をせずに済み、賃借人が優良企業であって賃料収入が確実であれば利回りの良い投資物件として高額で売却できる。このように入居者付きで建物が任意売却された場合、旧所有者の賃貸人としての契約上の地位は新所有者に移転し、購入者である新所有者が賃貸借契約を引き継ぐことになる（第4節2(2)において詳述）。また、旧賃貸人に預け入れた敷金・保証金は新賃貸人に引き継がれることになる。

　したがって、任意売却後に、賃貸借契約が終了した場合は、賃借人は新賃貸人から敷金等を返還してもらうことになる。

(3) 賃貸物件に設定されている抵当権が実行されて強制競売された場合

ア．賃借権の登記後又は引渡し（入居）後に建物に抵当権が設定された場合

この場合、賃借人は建物を競売によって買い受けた者（買受人）に賃借権を対抗できる。任意売却の場合と同じく、買受人に賃貸人としての契約上の地位が移転するので、買受人に従前からの賃貸借契約が引き継がれる。

したがって、敷金等の返還債務も買受人が負担することになる。

イ．賃借権の登記前又は引渡し（入居）前に建物に抵当権が設定されていた場合

この場合、賃借人は自己の賃借権を抵当権者や競売による買受人に対抗できず、買受人は従前の賃貸借契約を引き継がない。濫用されることが多く批判が強かった短期賃貸借制度は平成17年の民法改正時に廃止され、改正後は競売手続開始前から入居していた賃借人など保護に値する者にだけ買受人の買受け時から6か月の明渡猶予期間が与えられるだけになった（民395条1項）。賃貸借契約は引き継がれないので買受人は敷金返還債務を承継せず、賃借人も賃料支払義務を負わない。

しかし、入居者は、賃借物件の使用収益を継続している以上、無償で6か月間過ごせるわけではなく、買受人から賃料に相当する金額を請求されたときは支払う義務がある。仮に買受人から相当の期間を定めて1か月分以上の支払いを催告されても入居者が支払いをしなかった場合は、買受人は6か月の経過を待たず直ちに明渡しを請求できることになった（同条2項）。

なお、賃貸人が危機的な状況になると破産手続が開始される前に抵当権が実行されることもある。通常、ビルの完成と同時に抵当権が設定され、その後に賃借人が入居するので、ほとんどの賃借人は買受人に対抗できず、賃貸借契約も敷金返還債務も引き継がれない。そのため、賃借人は新所有者と新たな賃貸借契約を締結し、新たな敷金を差し入れなければ、ただ退去するしかない。破産手続が開始されていなければ後記(5)

イで述べる寄託請求もできず敷金返還請求権を保全することもできない。競売手続は半年から1年程度かかるので、対抗力のない賃借人は賃貸人と急いで話し合い、敷金とその間の賃料とを相殺することで、少しでも敷金を減らしておきたいところである。

(4)　破産手続開始前の賃料債権の譲渡・賃料の前払い

　賃貸人の破産手続開始前に、賃借人が賃貸人に何か月分又は何年か分の賃料を前払いしていた場合や将来の賃料債権を賃貸人が第三者に譲渡して対抗要件を備えた場合（債務者である賃借人への内容証明郵便による通知又は賃借人の承諾）はどうなるのか。

　旧破産法では当期及び次期の2か月分のみ当該前払等は認められていたが、同規定には批判が多く廃止された。したがって、一部の債権者に債権譲渡がなされて偏頗行為として破産管財人が否認できる場合を除き、破産手続開始前に行われた賃料前払いや賃料債権の譲渡は原則的に有効である。そのため、破産管財人は賃借人から賃料を回収できないまま賃貸借契約を継続せざるを得ない。したがって、上述の任意売却をする場合には、賃料を回収できない賃借人付きで売却せざるを得ないことになる。

(5)　敷金・保証金の扱い

　敷金（保証金）及び敷金返還請求権とは何か、どのような性質のもので、いつ敷金返還請求権が発生するのかについては**第4節1(1)及び3(2)**で詳しく説明しているのでそちらを参照されたい。結論だけ述べれば、「敷金」とは未払賃料や原状回復費用等を担保するために賃借人から賃貸人に差し入れた金銭で、「敷金返還請求権」とは賃借物件の返還時に未払賃料等を敷金から控除した残額があれば、その残額の返還を請求できる賃借人の停止条件付き権利のことである。なお、保証金にはいくつかの種類があり、敷金と同じ性質のものは敷金と同じように扱われる。

ア．敷金返還請求権は倒産手続においてどのような扱いを受けるのか

　敷金返還請求権を有する賃借人も賃貸人に債権を有する破産債権者の一人であるので、敷金返還請求権をもって破産手続に参加することができる（破2条5項、103条4項）。ただし、敷金返還請求権は、前述のように賃貸借契約が終了して明渡時に残金があれば請求できるという条件付きのものなので、最後配当の除斥期間内に明渡しが完了していなければ配当から除外されてしまう（同198条2項）。また、賃貸借契約の継続中には賃借人から敷金と賃料の相殺を請求することはできないので、敷金の残金さえ戻ってくるか不安である。

　したがって、賃借人が敷金返還請求権を保全するためには、次項の寄託請求を行うべきである。

イ．寄託請求

　賃貸借契約が継続していれば賃借人は賃料を支払わなければならないが、破産管財人に対して敷金返還請求権の額の限度において賃料を寄託するように請求できる（同70条後段）。

　本設例でいえば、XY間の契約では敷金は300万円であるから、Yは、Xの破産管財人に支払う賃料について、300万円まで寄託するように請求できる。賃借人から寄託請求を受けた破産管財人は、寄託金を破産管財人の銀行口座とは分別した口座で管理しなければならない。

　では、実際に賃貸借契約が終了して賃借人が敷金返還請求権を行使できるようになった場合にどうなるか。

　次の**図表8−1**①は、破産手続開始後も賃貸借契約の継続が6か月を超え、寄託額が上限に達した後に賃貸借契約が終了したケースである。

　仮に原状回復費用が150万円だったとして、その費用が敷金から控除された残金150万円が賃借人に返還されることになる（控除額がなければ全額返還される）。

　図表8−1②は、賃料2か月分が寄託された後に賃貸借契約が終了したケースである。

　敷金から原状回復費用150万円が控除された残金150万円のうち寄

図表 8−1

①
6 か月分 300 万円　　　　　　　　　　　　　契約終了

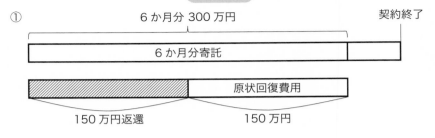

6 か月分寄託

150 万円返還　　　　　　原状回復費用　150 万円

② 2 か月分 100 万円　　　契約終了

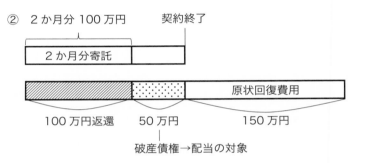

2 か月分寄託

100 万円返還　　50 万円　　原状回復費用　150 万円

破産債権→配当の対象

託された 100 万円が返還され、残り 50 万円については破産債権として
扱われ、配当の対象となる。

　なお、この寄託請求は、賃借権付きで任意売却された場合及び賃借権
を競売の買受人に対抗できる場合など、賃貸借契約が新所有者に引き継
がれる場合を除き（これらの場合には敷金債務は新所有者に引き継がれる
ので保全の必要がない）、買受人に対抗できずに 6 か月の猶予期間内に退
去しなければならない賃借人にも適用がある。ただし、金融機関等の抵
当権者から物上代位により賃料債権が差し押さえられた場合や他の債権
者から賃料債権を差し押さえられた場合は、賃借人は賃料を差し押さえ
てきた者に支払わなければならず、破産管財人に支払えなくなるので寄
託請求できなくなると解されているが、一部に反対説もある。

(6) 建設協力金はどうなるのか

ア．建設協力金とは何か

　土地所有者が事業用ビルや施設（コンビニ・スーパーなど）を建設するに際して、完成後に入居予定の賃借人候補者から「建設協力金」を無利息又は低利で借り入れて建設資金の全部又は一部とすることがある。

　この方式によれば、土地所有者は金融機関より有利に資金調達できるし、建物完成後に入居者がいないという事態を避けられる。通常、この建設協力金は長期間にわたって分割で返済される例が多く、賃料の一部と分割金とを相殺して賃料額が決められることが多い。

イ．破産手続において「建設協力金」はどのような扱いを受けるのか。

　前項のとおり、建設協力金の法的な意味合いは賃借人から賃貸人への貸金と解されているので、破産手続において破産債権となる（同2条5項）。ただし、前項のとおり分割返済の約定が多いが、分割債務については破産手続開始と同時に弁済期が到来したものとして残額全額が破産債権となる（同103条3項）。

　したがって、本来であれば配当が実施されるタイミングまで待たなければならないし、配当原資が乏しければわずかな配当しか受けられない。

　しかし、判例上、賃借人は当該残額と賃貸借契約が継続する間に生じる将来の賃料を対当額で相殺することが認められており、配当を待たずして、建設協力金を回収したことになる。その意味で他の一般債権者より有利である。

　ただし、賃借物件が任意売却又は競売された場合、仮に賃借権が対抗力を備えており新所有者に賃貸借契約が引き継がれたとしても、当該賃貸借契約と建設協力金名目の貸金契約は別契約であるから、貸金契約の借主としての地位が新所有者に引き継がれることはない。

　そこで、賃借人が新所有者（新賃貸人）に対して上記の相殺を理由に所有権移転登記後の賃料の支払いを拒むことはできないのではないかと疑問が生じる。

しかし、前記(4)で前述したように破産手続開始前の賃料の前払いが認められていること及び相殺の担保的機能を考えると将来の一定期間の賃料債権の消滅を新賃貸人に主張できるのではないか。

したがって、建設協力金によって建設された賃貸物件を任意売却等で購入する際には、将来の賃料債権が建設協力金の残額と相殺されていないかを注意して購入すべきである。

なお、賃借権に対抗力がなく、新所有者に賃貸借契約が承継されない場合に6か月の明渡猶予期間中の賃料相当損害金の支払い求められたときも、建設協力金との相殺の抗弁を主張できるのではないかと考える。

(7) サブリースの場合

サブリースとは、**図表8-2**における建物所有者Xが金融機関から融資を受けるなどして建設した建物一棟（例えば全20室の賃貸マンション）をサブリース業者Y（賃借人）に丸ごと賃貸し、Y（賃借人兼転貸人）が入居者を募集して賃借人Z_1〜Z_{20}（以下、まとめて「転借人Zらという）に転貸するという仕組みである。通常、丸ごと1棟の賃貸であるので、YがXに支払う賃料はYが全室を転貸したことを前提に転借人Zらから得る転貸賃料総額からYの取り分（管理料・保証料・利益等）を控除した金額

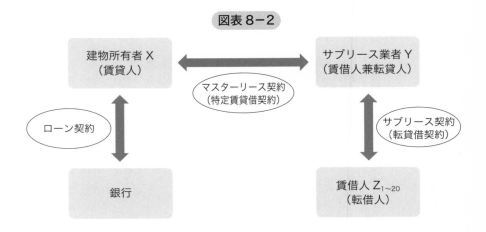

図表8-2

となり、部屋数や近隣賃料相場によってはかなりの高額になる。

　このようにサブリース方式の契約は複数の当事者が絡み、利害関係が対立してトラブルになることが多く、それに対処するために2020年12月15日に「賃貸住宅の管理業務等の適正化に関する法律」（通称サブリース規制法）が施行されている[2]。

ア．賃貸人（建物所有者）Xに破産手続が開始された場合

　賃貸人（建物所有者）Xと賃借人Yとの関係は賃貸借契約にほかならないので、**第1節1**(1)〜(3)で述べた賃貸人において破産手続が開始された場合の法律関係がすべて当てはまる。

　賃貸物件が任意売却された場合及びYが抵当権に対抗できる場合は、XY間の賃貸借契約（マスターリース契約）は新所有者及び買受人に承継される。その結果、Yは賃借人の地位を失わないので、転貸人として転借人Zらとの契約関係を存続させることができる。

　問題は、通例、建物完成後Yが賃借権の登記を付けたり、引渡しを受けて対抗力を備える前に金融機関が抵当権の設定登記をしている場合が多く、XY間の賃貸借契約が買受人に承継されないことである。

　そうなるとYは賃借人の地位を失うので転貸して転貸賃料を得ることができない。Yとして転貸賃料を得たいと思えば買受人と交渉して新たに賃貸借契約（マスターリース契約）を締結するしかない。買受人としても自ら建物を管理する手間暇やYからサブリース料が支払われることを考慮し、引き続きYと契約をすることも多いのではないかと思われる。

イ．賃借人Yに破産手続が開始された場合

　賃借人において破産手続が開始された場合についての一般論は、後述の**第2節**で詳しく説明する。

　本例でXは、Yにおいて破産手続が開始されたことだけでは**図表8－2**のマスターリース契約を解除できない。ただし、Yが破産するよう

2　特に、建物所有者とサブリース業者との間のトラブル回避のために国土交通省から「サブリース事業に係る適正な業務のためのガイドライン」が作成されている。

であれば何か月分かの賃料を滞納していることが多いだろうから、Xは賃料不払いを理由に契約を解除できるが、Yが争ってきた場合などは時間も費用もかかる。

　そのため、早急に、Yの破産管財人と協議してYの破産管財人のほうからマスターリース契約を解除してもらうか又は双方で合意解除すべきである（Yの破産管財人も、双方未履行双務契約となるXとの賃貸借契約について履行選択すると、破産手続開始後の賃料が財団債権となり、優先的に弁済しなければならなくなるため（破148条1項7号、53条1項）、契約解除を選択する場合が多いであろう）。

　一方で、XY間のマスターリース契約が解除されると、Yは賃借人としての地位を失う結果、賃借物件を転借人Zらに転貸する権利を喪失することになる。そうなると転借人Zらは転借物件を占有する権限がなくなり退去を余儀なくされてしまうのが原則である[3]。

　しかし、これでは何の落ち度のない転借人Zらにしてみれば堪ったものではない。そのため、国土交通省は、このようなサブリース契約に関して、所有者とサブリース業者とが結ぶ賃貸借契約書のひな型を作成して推奨している。それには「マスターリース契約が終了した場合、所有者は賃貸借契約のサブリース業者の転貸人の地位を当然に承継する。」という規定が入っている。これによって破産したサブリース業者Yが抜けて、XとZらとの間に直接の賃貸借契約が成立したことになる。所有者XはZらから賃料を支払ってもらって銀行への返済に充てることができ、一方、転借人Zらも賃料さえ支払っていれば退去せずに済むので、両者の利益が守られるわけである。

　ZらがYに差し入れた敷金をXが引き継ぐかどうか問題になるが、上記のように所有者が転貸人の地位を承継するのであれば敷金を承継せざるを得ないだろう。

3　原則はそうなるが、転借人を救済した最高裁判例がある（最判平14.3.28・同最判平17.10.25）。

❷ 賃貸人において民事再生・会社更生の各手続きが開始された場合

(1) 賃貸借契約の存続・消滅

　破産手続の場合と同様に、賃貸人（再生債務者又は更生会社の管財人。以下同じ）は、双方未履行の双務契約として賃貸借契約を解除することができる（民再49条1項、会更61条1項）。ただし、賃借人が賃借権の登記を得ている又は引き渡し済みの対抗力を備えている場合には賃貸人は契約を解除できない（民再51条、会更63条、破56条1項）。

　一方で、対抗力のない賃借人は賃貸人に対して解除するかあるいは契約を存続させるかを選択してほしいと請求できる（民再49条2項、会更61条2項）。賃貸人が契約の解除を選択した場合、賃貸借契約は終了し、仮に賃借人が賃貸人に対して損賠賠償請求権を有しているような場合は、当該債権は再生債権又は更生債権となる（民再49条第5項、会更61条5項、破54条1項）。

　もっとも、安定的に賃料収入が入り、それが管理コスト等を上回るのであれば、賃貸人は解除を選択する必要はない。また、賃借人付きで賃貸物件を売却したほうが高く売れる見込みがある場合は契約の存続を選択することになろう。賃貸借契約の存続が選択された場合、賃借人は賃料を支払わなければならないのは当然である。

(2) 賃借人の賃貸人に対して有する債権の扱い

　賃借人は賃貸人に対し、敷金返還請求権を有しているのが一般であり、それ以外にも修繕費用の返還請求権や建設協力金返還請求権等を有している場合がある。それらの債権は民事再生手続等においてどのような扱いを受けるのか。

ア．敷金返還請求権の取扱い

　再生手続等の開始前に入居して敷金を差し入れていた賃借人の敷金返還請求権は再生債権・更生債権となる（民再84条1項、会更2条8項）。

　しかし、敷金返還請求権は、賃貸借契約が終了して賃借人が明け渡す

ことが条件であり、しかも原状回復費用等を控除した残額に対する請求権に過ぎず、さらに手続の中で債権額が圧縮されてしまうと実際に退去時に返還を受けられとしても少額になってしまう可能性がある。また、賃借人は賃料と敷金との相殺をできないのが原則である。

　そのため、賃借人としては敷金返還請求権を何とか保全したいと考えるだろう。

　一方で、賃貸人としては、敷金返還請求権と賃料を相殺されてしまうと、賃料収入が一定期間途絶えてしまい、事業の再生に差し障りが生じるので相殺は認めたくない。

　そこで両者間の利害を調整し、敷金返還請求権を有する賃借人が手続開始後に弁済期が来る賃料を約定どおり支払っている場合は、敷金返還請求権は手続開始時における賃料の6か月分を上限として共益債権となり（民再92条3項、会更48条3項）、その分は保全されたことになる（返済を受けられるということ）。

　なお、保証金という名称でもその性質が敷金と同じであれば、同様の扱いを受けることになる。

イ．敷金返還請求権以外の再生債権等の取扱い

　賃借人が賃貸人に対して、売掛債権、貸金（建設協力金）債権や損害賠償債権等の再生債権等を有している場合、手続開始後に弁済期が到来する賃料について、開始時における賃料の6か月分を上限として相殺することが可能である（民再92条2項、会更48条2項）。

　しかし、事業の再生等にとって賃料収入は重要な財源であるので、上記敷金返還請求権の共益債権化及びその他の再生債権等との相殺は、賃貸人の再生等の妨げになりかねない。

　そこで、敷金返還請求権の共益債権化との関係で調整が図られ、再生債権等との相殺によって支払わなくてよくなる賃料と敷金返還請求権が共益債権化された賃料の合計額は、賃料の6か月分が上限とされた（民再92条3項括弧書き、会更48条3項括弧書き）。

　図表8－3で説明すると、賃借人が賃料と建設協力金の残金請求権

（例えば、残金が賃料の6か月分以上あったとする）のうち賃料の2か月分とを対当額で相殺した場合、敷金返還請求権は賃料の6か月分から当該2か月分が控除されて4か月分しか共益債権にならないのである。つまり6か月分共益債権化したければ残金請求権の相殺分はゼロ、逆に残金請求権のうち賃料6か月分を相殺すると共益債権はゼロになるという関係にあるので、共益債権化又は相殺の際には配慮が必要である。

図表8−3

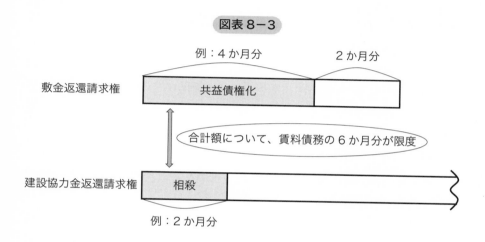

敷金返還請求権

例：4か月分　　　　2か月分

共益債権化

合計額について、賃料債務の6か月分が限度

建設協力金返還請求権

相殺

例：2か月分

賃借人（借主・テナント）において法的整理手続（破産・民事再生・会社更生）が開始された場合

1 賃借人において破産手続が開始された場合

⑴　賃貸借契約の存続・解除と賃料債権

　賃貸契約書に賃借人が破産した場合は契約を解除することができるという特約があれば別であるが[4]、そのような特約がない場合は賃貸人といえども破産を理由に解除はできない（賃貸人に解除を認めていた旧民法 621 条は廃止された）。賃貸人は賃借人に賃料不払い等の債務不履行があればそれを原因として解除するしかない。

　一方で、賃借人の破産管財人は、双方未履行の双務契約の存否に関する規定（破 53 条 1 項）に従って契約を解除するかあるいは契約を存続させるかを選択することができる。生活又は事業の拠点としてしばらくの間必要であるとか、賃借権だけを又は賃借権付きで事業を譲渡（売却）できる見込みがあるような場合（例えば、店舗を賃借して営業している飲食店を設備什器備品・営業権付きで売買するような場合）では契約の存続が選択される。しかし、そのような必要性や換価見込みがなければ、賃料の節約や敷金の返還を受けるために、破産管財人は早期に解除を選択して明け渡すことになる。

4　当該特約については有効説と無効説の対立がある。なお、民事再生・会社更生の申立てを解除原因にしている特約については無効説が判例通説である。

ア．破産管財人が契約の存続を選択した場合

賃貸人の賃料債権は財団債権[5]となる。なお、破産するくらいであるから破産手続開始前から賃料が何か月分か未払いになっているのが普通である。手続開始前の未払賃料も財団債権に含まれるか否かについて議論があるが、含まれないと解するのが通説である。

イ．破産管財人が契約の解除を選択した場合

破産手続開始時までに未払賃料又は未払いの賃料相当損害金があれば、賃貸人の当該債権は破産債権となり（破2条5項）、配当の対象となる。

一方で、手続開始時から解除（明渡し時）までの賃貸人の賃料又は賃料相当損害金は財団債権となる（同148条1項2号、4号、8号）。

(2) 原状回復請求権の取扱い

賃借人の破産管財人が解除を選択した場合や賃貸人が手続開始前の賃料未払い等を理由に解除した場合、賃貸人は賃借人に対して原状回復請求権を取得する。この原状回復請求権の性質については財団債権説と破産債権説が対立している。ただ、実務では早期解決のために賃借人が差し入れた敷金・保証金と原状回復費用との間で精算する場合が多い。

(3) サブリース等の転貸借がある場合

転貸借契約（サブリース契約）において転貸人（マスターリース契約との関係では賃借人）が破産した場合を考えよう。

前記(1)で述べたとおり、元となる賃貸借契約（マスターリース契約）の関係では、賃貸人は当該契約を解除できないが、転貸人の破産管財人は賃借人の立場で元となる契約を解除するかあるいは存続させるかの選択権を有している（破53条1項）。

5　財団債権は破産手続によらず破産財団から随時弁済を受けられる債権のことである（破2条7項）。

一方、転貸借契約（サブリース契約）の関係では、転貸人は賃貸人の立場にあるので当該契約を解除できないが、転借人は当該契約を解除するかあるいは存続させるかの選択権がある（同条同項）。転貸人の破産管財人が元の賃貸借契約（マスターリース契約）の賃借人としての立場で解除を選択した場合、転貸人は転貸する権限を喪失するので、転借人も占有権限を失い退去を余儀なくされることになる。これではあまりにも転借人にとって不利益である。

　前節1⑺イで述べたように、転貸人の破産管財人が元の賃貸借契約の解除を選択した場合は転貸人が抜けて元々の賃貸人と転借人との間に直接の賃貸借契約が成立すると考えるべきであろう。賃貸人としても転借人が転貸人に差し入れた敷金を引き継ぐことになったとしても新たな入居者を募集せず、空室期間もなく転借人（直接の賃貸借契約成立後は賃借人に転じる）からの賃料収入を得られ、一方で、賃借人も賃料を支払えば使用収益を継続することができるからである。

❷ 賃借人において民事再生・会社更生の各手続が開始された場合

⑴　賃貸借契約の存続・解除と賃料債権

　賃借人（再生債務者又は更生会社の管財人。以下同じ）は、賃貸借契約を解除するかあるいは存続させるかについて選択権があるが（民再49条1項、会更61条1項）、賃貸人は解除できず[6]、賃借人に解除するのかあるいは存続させるかの選択権を行使するように催促することしかできない（民再49条2項、会更61条2項）。

6　賃貸借契約書に民事再生や会社更生の申立て又は手続開始があれば賃貸人は解除できるという特約が入っていることが少なくないが、リース契約に関するもので、このような倒産解除条項を無効とする最高裁判所の判例があり（平成20年12月16日判決）、特に民事再生等の場合には無効と考える学説が多い。

ア．賃借人が契約の存続を選択した場合

　賃貸借契約が存続した場合、手続開始後の賃料債権は共益債権となる（民再49条4項、会更61条4項）。なお、手続開始前の未払賃料債権の性質については破産手続の場合と同様に議論があるが、民事再生手続においては再生債権、会社更生手続においては再生債権として取り扱われている。ただし、民事再生手続において、当該再生債権について不動産先取特権（民311条1号、312条）が成立する場合には、その範囲で別除権つき再生債権として扱われ（民再53条1項）、会社更生手続においては民法311条、315条の範囲で更生担保権になると解されている。

イ．賃借人が契約の解除を選択した場合

　手続開始時から解除までに生じた賃料債権及び解除から明渡し時までの賃料相当損害金債権のいずれも共益債権となる（民再119条2号・6号、会更127条5号・7号）。

⑵　原状回復請求権の取扱い

　賃借人が契約を解除した場合、賃貸人は原状回復請求権を取得する。民事再生等における原状回復請求権の性質については再生債権とするのが有力説であるが、反対説も根強い。通常は、賃借人において破産手続が開始された場合と同様で、敷金との関係で精算することによって解決することが少なくない。

地代・家賃の増額請求及び減額請求

　借地借家法の適用のある建物所有目的の借地契約及び建物の賃貸借契約は、通常、契約期間が長期間に及ぶ。契約期間中に社会経済状況の変化、物価・近隣の地代や家賃相場の変動、税金等の公租公課の増減、近隣の開発状況、賃貸家屋の老朽化などの複合的な原因で、当初に設定した地代や家賃（以下、2つをまとめて「賃料」という）が現時点で適正、相当ではなくなる場合がある。

　そのため、一定の期間、賃料を増減しないという特約がない場合[7]、賃貸人には増額請求権、賃借人には減額請求権が認められている（借地について借地借家法 11 条 1 項及び建物については同 32 条 1 項）[8]。ただし、この増減請求は賃料が何年か前から不相当となっていたとしても過去に遡って請求することはできず、「将来に向かって」の増減請求しかできない。

　では、実際に両当事者はどのように賃料の増減請求ができるのか。

① 賃貸人の立場

(1) 賃料増額請求

　借地借家法で認められた賃料の増額請求権は、当該請求の意思表示が賃借人に届いた時点で直ちに効果が生じる形成権と解されている。増額の意

7　一定の期間賃料を増額しない特約は有効だが（借地借家法 11 条 1 項ただし書き及び 32 条第 1 項但書）、最高裁判所は著しい相場の変動があるような場合には後に述べる増額請求を認めている（最判平成 3・11・29）。

8　定期借地権及び定期借家権の場合にも両当事者に増減請求権が認められる。ただし、定期借家契約中に、賃料の改定に関する特約がある場合には例外的に増減請求権は排除される（同 38 条 7 項）。

思表示が賃借人に届くことが必要であり、内容証明郵便で通知するのが一般的だ。なぜなら、普通郵便や口頭だと賃借人に受け取っていないとか、聞いた記憶がないなどと否定されてしまうからである。

　では、いくら増額したらよいのか。

　増額幅によっては、賃借人に拒否される可能性がある。両者間の協議が整わない場合は、最終的に裁判所に判断してもらうしかないが、前提として賃貸人は不動産業者や不動産鑑定士等の専門家に近隣賃料相場や公租公課等の増減を調査してもらい、適正な賃料を算定して賃借人に提示することが必要である。

⑵　調停申立て（調停前置主義）

　前述のように増額の通知を賃借人に送達すれば直ちに賃料は増額するが、賃借人が増額を認めてそのとおりに支払ってくれるとは限らない。

　次項で詳しく説明するが、賃借人は増額を認めず、自らが適正と考える賃料を支払っていれば賃貸人は賃料不払いを理由にして賃貸借契約を解除できない。そのため、両者間で協議が整わない場合、賃貸人は増額を認めさせるためには裁判所の判断を仰ぐしかない。

　ただし、賃料の増減請求については、いきなり裁判を起こせず、必ず調停を先に申し立てなければならない（調停前置主義。民事調停法24条の2）。調停において、両者間の協議が整った場合、合意内容が調停調書に記載されると当該調停調書は裁判上の和解と同一の効力を有することになる（同16条）。

　なお、両者間の協議が整わない場合には調停は不成立となって終了するが（同14条）、例外的に裁判所が職権で決定を下す場合がある（同法17条）。ただし、このいわゆる17条決定に対して不服のある当事者が決定の通知を受けた日から2週間以内に異議を申し立てたときには同決定は効力を失う（同18条1項、4項）。

⑶ 訴訟の提起

　前項のとおり、調停が不成立になりいわゆる 17 条決定が出されない場合又は 17 条決定が出されたが異議申立てがあって効力を失った場合は、賃貸人の増額請求は公的に認められないままである。

　当該状況を打開して、是が非でも増額を裁判所で認めてもらいたいと賃貸人が希望する場合は賃料増額の訴訟を提起するしかない。

　裁判では双方が私的な不動産鑑定書を出し合ったり、裁判所が選任した不動産鑑定士が鑑定を行ったりして、互いに攻撃防御を行うことになる。それによって両者間の協議が整えば裁判上の和解が成立するが（民事訴訟法 267 条）、協議が整わなければ最終的には裁判所がすべての証拠に基づいて判決を下すことになる。裁判所は増額請求の全部を認める全部認容判決を下す場合もあれば、一定額しか増額を認めない一部認容判決あるいは増額全部を認めない棄却判決を下すことになる。

⑷ 賃料自動増額特約

　賃料自動増額特約というのは、例えば「賃料は 3 年ごとに 10％増額するものとする。」などという一定の期間経過後に一定の基準に従って自動的に賃料が増額することを定めた特約のことである。

　地価が右肩上がりに上昇していたバブル期にはこのような特約がよく見られたが、バブル崩壊後はこの特約が有効か否かの議論が盛んになされている。

　最高裁判所は「地代等改定基準が借地借家法 11 条 1 項の規定する経済事情の変動等を示す指標に基づく相当なものである場合には、その効力を認める」と条件付きであるが特約の有効性を認めている[9]。

　ただし、同判決では「地代等改定基準を定めるに当たって基礎となっていた事情が失われたことにより」同特約によって増額することが不相当になった場合は、賃借人は特約に拘束されずに減額請求することができると判示し、自動増額特約があっても減額請求を認めている。

9　最判平 15.6.12

❷ 賃借人の立場

(1) 賃料の増額請求を受けた場合の対応

　賃貸人から賃料の増額請求を受けた場合、賃借人としてもそれが近隣賃料相場等に照らしてやむを得ないと考えて増額に応じる場合もある。

　他方、増額が不相当に高く納得できず、増額請求に応じられないと考えて、増額分はおろか賃料全額の支払いを拒否してしまいたいと考える場合もある。しかし、賃料の支払いを拒否すると、賃貸人に賃料不払いを理由に契約を解除する口実を与えてしまい危険である。

　借地借家法はこのような場合に対処するため、増額が正当とする裁判が確定するまでの間、賃借人が考える「相当と認める額」の賃料を支払っていれば、賃料不払いとはならないと定めている（同11条2項及び32条2項）。現行の賃料が「相当と認める額」と判断できるのであれば、現行の賃料を支払えば足りるのだ。なお、賃貸人が増額後の賃料に足らないといって全額を受け取らないときは供託する必要がある。

　ただし、これは裁判で適正賃料が確定するまでの暫定的な措置なので、裁判で増額が認められ、賃借人が支払っていた賃料との間で不足額が生じた場合は、その不足額に年1割の利息をつけて支払わなければならない（同11条2項但書及び32条2項但書）。

　2017（平成29）年の民法改正で民事法定利息が5％から3％に引き下げられたが、同条ただし書きの年1割の利息は見直しがなされなかった。調停でも協議が整わず、訴訟にまで発展すると、増額請求時から裁判が確定するまで数年かかる可能性もあり、不足額が大きいと利息金も相当な金額になってしまう。確定まで時間がかかりそうな場合は「相当と認める額」の算定には配慮が必要である。

⑵ 賃料の減額請求をした場合

　賃借人による減額請求に賃貸人が応じず、両者間で協議が整わないときは、前述の増額請求と同様に賃借人は調停を申し立て、調停で協議が整わないときは訴訟を提起するしかない。

　なお、注意しなければならないのは減額請求通知が賃貸人に届いた時点で効力を生じるが、だからといって賃借人は減額した賃料を支払えば足りる訳ではないことである。賃借人の減額請求に対して、賃貸人は減額を相当と認める裁判が確定するまでの間、賃貸人自らが「相当と認める額」の賃料を支払えと請求できると定められているからである（同 11 条 3 項及び 32 条 3 項）。通常、賃貸人は現行の賃料が「相当と認める額」であるとして請求するのではないか。

　ただし、前項の不足額の補填と同様に、減額を正当とする裁判が確定した場合、すでに支払いを受けた賃料額が正当とされた賃料額を超える場合（払い過ぎの場合）、賃貸人はその超過分に年 1 割の利息をつけて賃借人に返還しなければならない（同 11 条 3 項但書及び 32 条 3 項但書）。なお、同法に規定はないが、一定の期間賃料を減額しないという特約も有効と解されているが、最高裁判所は当該特約があっても賃借人からの賃料減額請求を認めたものがある[10]。

❸ サブリース契約の場合

　サブリースとは何か、どういう仕組みなのかについては**第 1 節 1** ⑺を参照されたい。以下、218 頁の**図表 8-2** における登場人物で説明する。

　Ｙ（賃貸人兼転貸人）とＺ（転借人）との間は、これまで述べてきた両当事者の賃料増減請求権についての解説と同様であり、問題になることは少ない。

　大きなトラブルになるのはＸ（賃貸人）とＹとの間がほとんどである。

10　最判平 16.6.29

それは両者間の契約の中には単なる賃貸借ではなく共同事業的な色彩が濃いものもあり、そもそも借地借家法の適用を疑問視されるケースがあるからである。また、XY間の契約には最低賃料の保証特約[11]や前述の賃料自動増額特約などYからの賃料減額請求権を排除するかのような条項が盛り込まれることが多いからだ。

しかし、バブルの崩壊やリーマンショック等によってZら（転借人）が退去したり、営業不振や近隣賃料相場の下落等を理由にしてYに対して賃料減額請求権を行使したりして、XYの目論見通りには転貸収入が得られず、YがXへの賃料支払いに窮する状況になり、Yは賃料の減額をXに求めざるを得なくなるケースが多発した。

だが、多くの場合、XはYから支払いを受けた賃料の大部分を金融機関から融資を受けた建設資金の返済金に回しているので、Yからの賃料が滞ったり、減額されたりしてしまうと金融機関への返済ができない。したがって、Xとしては、借地借家法の定める減額請求権の適用を拒否せざるを得ないために争いが生じるのである。

この点、最高裁判所は平成15年に立て続けに3つの判決を下し、当事者が賃料額決定の要素とした事情その他諸般の事情を総合的に考慮しつつ、マスターリース契約にも借地借家法の賃料減額請求権が適用されることがあることを明確にした[12,13]。

したがって、新型コロナウイルス感染症の影響で転借人の廃業による撤退やリモートワークによってオフィスの賃借面積が過剰になったことを理由にして契約面積の全部又は一部の返還等により転貸賃料が減少することが予想される。Xへの賃料支払いが厳しくなったYとしては賃料減額請求を求めざるを得ない事案が今後増加するのではないか。

11　Yの儲けを考えて、例えば満室時の転貸賃料合計額の8割をXへの賃料として定めた場合、仮に空室が生じその合計額の7割に減少したとしても、Yは差額の1割を自腹を切ってXに支払わなければならない特約。
12　最判平15.6.12、同年10.12、10.23。
13　マスターリース契約に借地借家法32条により、賃料が減額されることがあることの表示がない場合、サブリース規制法28条違反（誇大広告等の禁止）に該当する。

賃貸借契約締結時、継続中及び
終了時のルールの明確化

　2017年に成立した「民法の一部を改正する法律」が2020年4月1日から施行されている。この改正で、賃貸借契約に関するルールのいくつかが定められた。

❶ 賃貸借契約締結時のルールについての改正

(1) 敷金

　賃貸マンションや賃貸ビルを借りる際に、賃貸人（貸主・大家）と賃借人（借主・テナント）との間で「敷金」、「保証金」、「権利金」、「礼金」など様々な名称で金銭が授受されるのが慣例である。ところが、改正前の民法には「敷金」という言葉はあったが、「敷金」がどのようなものであるのかの定めはなかった。

　改正後の民法では、従来からの不動産業界の慣例に習い、「敷金」は「いかなる名目によるかを問わず、賃料債務その他の賃貸借に基づいて生ずる賃借人の賃貸人に対する金銭の給付を目的とする債務[14]を担保する目的で、賃借人が賃貸人に交付する金銭をいう」と定義された（民622条の2第1項）。したがって、名称は問わず、賃借人の契約中及び終了時の債務を担保するために交付された金銭が「敷金」であると明確になった。

　なお、関西以西では例えば契約条項に「○○％償却」といって敷金の一部を返済しないという特約（「敷引特約」と呼ばれている）が盛り込まれてい

14　滞納賃料や更新料、賃借物を損傷したことの賠償金、原状回復費用など賃借人が賃貸人に負担するすべての債務を指す。

ることがある。この敷引特約の有効性は争われているが、有効とする最高裁
判例[15]があるので、契約締結時には敷引特約があるか否かに注意が必要だ。
　「保証金」にも敷金と同じ性質のものや一定の据置期間経過後に全額返
還されるものなどがあるが、前者の場合には名称は保証金でも敷金と同じ
扱いを受けることになる。
　一方で、「権利金」というのは事務所や店舗を借り受ける際に交付され
ることが多い。その意味するところは様々で契約書の条項の解釈次第では
あるが、共通しているところは賃貸人が取りきりで返還義務が生じないも
のである。
　「礼金」もお礼に支払われる謝礼なので返還義務がないものである。

(2)　保証人

　子どもがマンションを賃借する際に親が保証人又は連帯保証人[16]になっ
たり、会社がオフィスや店舗を賃借する際に代表取締役が保証人になった
りすることがある。
　賃借人である子や会社が賃料を何ヶ月も滞納したり、タバコの火の不始
末等で火災を起こして賃借物件を全半焼させたりした時に、賃借人に弁済
能力がない場合、保証人は賃借人に代わって滞納賃料や賠償金を支払う必
要がある。保証人が任意に支払わない場合には、保証人の預貯金や給与を
差押えられたり、自宅を競売にかけられたりというリスクがある。
　ただし、例えば子どもが3,000万円のマンションを購入するために銀
行から住宅ローンの貸し付けを受ける際に父親が保証人になるような場合
は、金利（利息）は別にして父親が弁済しなければならない最高額は貸付
金3,000万円という上限がある。
　これに対し、賃貸借契約の保証人の場合、契約締結時に何か月家賃を滞

15　最判平23.3.24
16　保証契約は、主債務者が借金等の返済をしない場合に、主債務者に代わって支払うこと
　を約束する契約である。連帯保証契約は、保証契約の一種だが、主債務者から先に取り立て
　てほしいなどと請求できないなどの制約がある。以下、両者をまとめて「保証人」という。

納するのかは予測できず、賃借人の過失でアパート等が全半焼してしまったときの賠償金は莫大な金額になるおそれがある。つい頼まれて軽い気持ちで保証人になったところ、上限なしの賠償金を請求されて自分の資産を全部失うという悲惨な目に遭うこともある。

　そのため、これを是正するために今回、このような上限なしの債務について個人が保証する契約（「根保証契約」という）全般について改正がなされた。

　個人が保証人になる根保証契約については、保証人が支払わなければならない責任を負う金額の上限となる「極度額」を両当事者の合意に基づいて書面で具体的に「○○○万円」と定めるか、あるいは「契約締結時の1か月分の賃料に賃貸借期間（例えば、24か月）を乗じた金額」などと計算すれば総額が算出できるように定めなければ、当該根保証契約は無効となる。

　したがって、極度額の定めがないと賃貸人は保証人に一切支払いを請求できなくなるので注意が必要である。

❷ 賃貸借契約継続中のルールについての改正

(1) 賃貸借契約の対象物件（戸建て、マンション・アパート・オフィスビル・店舗）の賃借人による修繕に関する要件

　賃貸マンション等に備え付けのエアコンが故障した場合や台風や突風等で戸建てやアパートの屋根瓦が吹き飛ばされて雨漏りがするようになった場合を例に考えてみる。

　賃借人としては早く修繕したいのであるが、賃借物件（付属設備を含む）は賃貸人の所有物であるから、賃借人が勝手に修繕することはできない。他人の所有物を勝手にいじったりすると、逆に賃貸人から壊したなどと損害賠償請求されるおそれがある。そのため改正前の民法下では、賃借人は賃貸人に対し、エアコンが故障していて暑くて（寒くて）生活・営業できない、台風がまた接近しているので早急に修繕してほしいとお願いするし

かなかった。しかし、改正前の民法606条でも賃貸人には修繕義務が課されてはいたが（改正後も同じ）、実際に迅速に修善してくれるか否かは賃貸人の気持ち次第や懐次第で、修繕してくれなければ不便な状況のままだ。

そこでこのような状態を是正する改正が今回なされた。

a　賃借人が賃貸人に対して、修繕が必要であることを通知し（同法615条）、または、賃貸人がそのような状況を知ったにもかかわらず、賃貸人が相当の期間内に必要な修繕をしないとき、

または

b　急迫の事情があるとき、

のいずれかの事情がある場合は、賃借人は自分で修繕することができるようになった（同607条の2）。本来、賃貸人が負担すべき修繕費を立て替えたことになるので、賃借人は賃貸人に対して、直ちにその修繕費用を返還するように請求できると定められた（同608条1項）。

(2)　賃貸中の賃貸物件が譲渡（売却・贈与・相続）された場合のルール

賃借権の登記済みまたは引き渡し済みの賃貸中のマンション・アパートやビルの賃貸人である旧所有者が亡くなり相続が開始された場合には当該契約は相続人が引き継いだのではないかと想像できるが、売却されたり贈与されたりした場合、旧所有者（売主・贈与者）と新所有者（買主・受贈者）のどちらが賃貸人になるのかは、賃借人からはわからない。誤って正当な賃貸人でない者に賃料等を支払ってしまったら、正当な賃貸人から請求を受けて二重払いさせられる危険がある。新旧所有者が連名で「〇月分以降は誰々に支払って下さい。」と書面で通知でもしてくれれば別であるが、そうでなければ一方からの請求には応じるにはリスクがある。

逆を言えば、譲受人である新所有者は二重払いを恐れて支払い渋っている賃借人にどうやったら賃料を支払ってもらえるのか。

この点、今回の改正では実務での取扱いを踏襲して、賃貸物件が譲渡されたときは、賃貸人としての契約上の地位は、原則として当該物件の譲受

人（新所有者）に移転するという規定が設けられた（民605条の2第1項）。ただし、例外的に当該物件の譲渡人と譲受人が賃貸人たる契約上の地位を譲渡人に残すことを取り決めることができる（同第2項）。この取り決めがなく譲受人に賃貸人たる契約上の地位が移転した場合、譲受人が賃借人に賃料を請求するためには当該物件の所有権移転登記が必要である（同条3項）。

　したがって、月の途中で所有権移転登記がなされた場合、原則は月額の賃料は日割りで移転登記完了前の分は譲渡人、完了後の分は譲受人に支払うべきことになるが、譲渡人及び譲受人との間でどうやって配分するかを決めている場合もあるのが普通で、支払う前に確認するのが安全だろう。

　なお、賃貸人たる契約上の地位が譲受人に移転した場合は、譲渡人が負担していた債務（同608条の修繕費等）及び敷金返還債務（同法622条の2第1項）は譲受人に引き継がれることが同時に明文化された（同法605条の2第4項）。

　ただし、譲渡以前に、譲渡人（旧賃貸人）が賃借人の未払賃料や損害賠償金の弁済に敷金を充当し、充当分が賃借人から補填されていない場合に、充当後の残額が譲受人（新賃貸人）に引き継がれるのか、あるいは充当前の敷金全額が引き継がれるのかについてまでは規定されなかった。いくら引き継ぐかは新旧所有者の個別の合意に任されている。ただ、譲受人が賃貸人になってから賃貸借契約が終了した場合、賃借人が旧賃貸人時代に賃料等を支払わず、その分を敷金から控除されて、その分をまったく補填していないにもかかわらず、賃貸人が変わったら、充当前の敷金全額の返還を請求できるようになるというのは賃借人に有利に過ぎる。譲受人としても残額しか引き継いでいないのに全額請求されたら自腹を切ることになる。

　通常は、売買代金から敷金額を控除するのか（関東方式）又は控除しないのか（関西方式）を取り決める際に議論される事柄であるが、いずれの方式でも賃借人との関係では充当後の残額だけを考慮することが多いのではないか。

❸ 賃貸借契約終了時のルールに関する改正

(1) 原状回復（復帰）義務

　賃借人は、賃貸借契約が終了（期間満了・解約・解除）した場合、賃借物を原状に回復（復帰）して（借りた時点の元の状態に戻すこと）賃貸人に返還しなければならないと古くから解釈されてきたが、これを定める規定はなかった。この賃借人の義務は「原状回復（復帰）義務」または「収去義務」と呼ばれている。

　この「原状回復義務」をめぐっては、両者間でよくトラブルが発生する。その原因は、この原状回復義務の中身や範囲を定める規定がなかったため、賃貸人は経年劣化を含め賃貸時の元の状態に戻せ、日常生活でつくようなちょっとした傷でも同じグレードの壁紙や絨毯への張り替えを要求して高額な費用を請求することが多く、一方で賃借人はそこまでの義務はないと争うことがあり、訴訟にまで発展することも多数あった。

　そこで、改正民法では、賃借人は賃借物件の引渡しを受けた後に、賃借物件に損傷を与えた場合、賃貸借契約が終了したときは、当該損傷を原状に復する義務を負うことが明文化された（民621条）。ただし、原状回復義務の範囲として、通常の使用及び収益によって生じた賃借物件の損耗並びに賃借物件の経年劣化を除くと定められた。

　したがって、例えば通常の使用によって床や畳がすり減ったり、カーペットにテーブルやソファー等の足の跡がついたというような通常損耗の場合や日光で畳や壁紙等が黄ばんだり、冷蔵庫等の後部壁紙が黒ずんだり（電気焼け）したような経年劣化の場合は、原状回復は不要だ。

　一方、畳やカーペットにタバコの焼け焦げを作った、子どもやペットがフローリングや柱や壁紙をひっかいたり、噛んだりして傷つけたとか、入居者がヘビースモーカーで壁紙や天井紙がヤニで黄ばんだような通常の損耗や自然の経年劣化を超えるような損傷は原状回復しなければならない。

　詳細は国土交通省発行の「原状回復をめぐるトラブルとガイドライン」を参照されたい。

(2) 敷金返還義務

　賃貸約契約が終了した場合、賃貸人は敷金から未払賃料や原状回復費用等を控除[17]して残金があれば返還しなければならないというのが古くからの慣例や最高裁判例[18]であった。

　しかし、民法には敷金返還債務の発生要件・発生時期及び何を控除できるかなどの規定はこれまでなかった。

　そのため敷金の返還をめぐってトラブルが多数生じていることを踏まえ、今回の改正民法ではそれらのことの手当がなされた（民 622 条の 2 第 1 項）。

ア．発生要件・発生時期

　　　a　賃貸借契約が終了し、かつ、賃貸人が賃借物の返還を受けたとき（同項 1 号）。

　　　または

　　　b　賃借権の譲渡がなされたとき（同項 2 号）。

　に賃貸人に敷金返還債務が発生する。

　したがって、上記 a の場合、賃借人は賃借物件の明渡し前に敷金の返還請求はできず、明渡し後かあるいは明渡しと引換えに支払えと請求することしかできない。

イ．返還範囲

　賃借人の未払賃料、原状回復費用、その他損害賠償等の額を控除した残額を返還しなければならない。

---

④ 経過措置

　以上のように賃貸借及び根保証について民法が改正され施行されたが、改正前に締結されている賃貸借契約や根保証契約にも改正後の民法の適用

17　敷金を未払賃料等に充当できるのは賃貸人だけで、賃借人は敷金を未払賃料等に充当するように請求はできない（民 622 条の 2）。
18　最判昭 48.2.2 など

があるのか。

　新旧どちらの民法が適用されるかのルールが「経過措置」という定めである。

　結論を述べれば、原則として施行日（2020年4月1日）以前に締結された契約については改正前の民法が適用され、施行日後に締結された契約には改正後の民法が適用される（保証契約に関しては附則21条第1項）。

　わかりやすく分類して図解すると**図表8－4**のようになる。

図表8－4

ケース①　改正前に締結された賃貸借契約及び保証契約が継続中の場合

ケース②　賃貸借契約及び保証契約が施行日後に新規に締結された場合

ケース③　改正前に締結された賃貸借契約及び保証契約が施行日後に合意更新された場合

ケース④　改正前に締結された賃貸借契約が施行日後に合意更新されたが、保証契約は更新されず、施行日前の当初の契約が継続中の場合

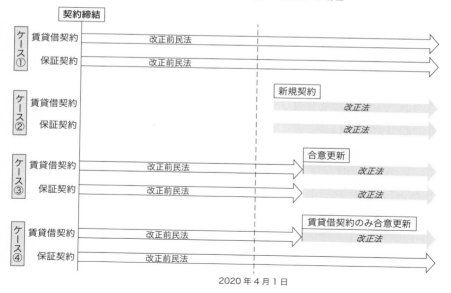

2020年4月1日

賃貸物件が火事・地震・水害等の災害で全部又は一部が使用不可能となったときの賃貸借契約の存続・解消

1 賃貸物件の一部の滅失等による賃料の減額及び契約の解除

　我が国は、木造建築物が多く又地震大国でもあるので、火事や地震等で建物が全半焼又は倒壊等することがあり、最近では台風や暴風雨の影響で水害や土砂崩れ等で多数の家屋が被害を受ける例がある。

　このように賃借人の過失ではなく延焼や自然災害等で賃貸物件が損傷を受けた場合、改正前の民法も賃貸物件の一部が滅失[19]した場合は、賃借人はその滅失した部分の割合に応じて賃料の減額請求をすることができ（改正前民法611条1項）、さらに残部では賃借した目的を達することができないときには賃借人は契約を解除できた（同条2項）。

　しかし、一部の滅失以外にも、例えば2部屋あるアパートの1部屋にだけ雨漏りがしてその部屋だけ使用できなくなったような場合もあるので、滅失に加え「使用及び収益をすることができなくなった場合」にも拡張され、その使用及び収益をすることができなくなった部分の割合に応じて賃料は減額されることになった（改正民法611条1項）。

　なお、賃借物件の一部が上記のように「使用及び収益をすることができなくなり、残存する部分のみでは賃借人は賃借した目的を達することができないとき」には賃借人は契約を解除できるのは同じである（同条2項）。

---

19 「滅失」とは物理的に損傷や倒壊等で使用不能になった場合を指す。

❷ 賃貸物件の全部の滅失等による賃貸借契約の終了

　改正前の民法には賃貸物件が全部滅失した場合に関する規定はなかったが、最高裁判所の古い判例[20]を踏襲して、賃貸物件が原因は問わず、火事で全焼してしまったり、半焼で済んだが消火のために水浸しになってしまったりして使用及び収益をすることができなくなった場合には、賃貸借契約は自動的に終了することが明文化された（同616条の2）。

（釘澤　知雄）

20　最判昭32.12.3

•索引•

あとがき

　現在の経済界は目まぐるしく変化し、世界のどこで起きたことであってもその影響は瞬時に世界全体に伝播するため、企業経営はいつ何時どのような状態になるのかを見通すことが非常に困難な状況になっている。特に最近は新型コロナウイルスのパンデミック、米中対立、さらにはロシアのウクライナ侵攻まで発生するような世界情勢であり、その状況はますます加速している。そのため超一流企業といえども先を見通すことは難しく、企業の経営に責任を負っておられる経営者の方々の不安感は大きいと思われる。

　本書は経営危機時における対処を中心に書かれたものである。その大きな視点は、「事業を継続するにはどうすればよいか」というところにあり、この視点から、経営状況が悪化し始めた段階、スポンサーに頼る必要がある段階、私的整理をしなければならない段階、法的整理をしなければならない段階に分けて、順を追って説明している。

　また、やむをえず事業継続を断念し廃業を考える場合や、企業経営者の保証債務の整理についても説明をし、問題になることが多い賃貸借契約については、その取扱い全般について説明を加えており、企業経営の各段階を網羅した内容になっている。

　目次を一見していただければわかるように、本書は経営者の方々の身近な疑問に答えることができることを意識して書かれており、説明の順序とともに、読者にわかりやすくなっていると思う。

　企業経営者、経理担当者など企業の健全な経営のために頑張っている方々は無論のこと、その周りで企業経営を一緒に支えておられる顧問税理士、中小企業診断士等の専門家の方々の高度なニーズにも応えることができる内容になっている。

　企業経営に不安を感じたときばかりでなく、そのような心配がない平時であっても、本書を手に取っていただいて興味を引かれた部分を読んでいただければ、企業の健全な経営に向けてのヒントを得られるのではないかと考える。

本書が我が国の企業の事業継続に、また企業経営に当たっている方々の安心感にお役に立てるとするならば、望外の喜びである。

　本書は東京富士法律事務所の弁護士のほとんど全員が参加して一冊の書籍を作るという初めての試みである。私は、当事務所は弁護士同士の仲が良く、お互いのコミュニケーションがよくとれていることが事務所として誇れる特色ではないかと思っているが、本書がその成果が出たものであってくれればさらに嬉しく思う。

　令和４年３月

東京富士法律事務所

代表弁護士　**小澤　徹夫**

● 監修者紹介

須藤 英章（すどう ひであき）

東京富士法律事務所　前代表弁護士

東京大学法学部卒。事業再生実務家協会代表理事。元日本大学経済学部教授（会社法担当）。元日本弁護士連合会倒産法制検討委員会委員長。

主な著書として、『会社法講義』（共著、中央経済社）、『新会社更生法解説』（共編著、三省堂）、『要点解説 新破産法』（共編著、商事法務）、『倒産実務ハンドブック』（編著、財経詳報社）、『民事再生の実務』（編著、新日本法規）、『私的整理ガイドラインの実務』（共編著、きんざい）などがある。

● 執筆者紹介

小澤 徹夫（おざわ てつお）

東京富士法律事務所　代表弁護士

【担当】あとがき

東京大学法学部中退

代表訴訟、取締役の責任追及事件などの訴訟事件、企業不祥事の第三者委員会の委員、委員長、社外監査役、企業の内部告発窓口などの企業法務、コンプライアンス関係を中心に活動。

主な著書・論文等として、「内部統制とは、こういうことだったのか」（共著、日本経済新聞出版社）、「企業の内部告発システムの構築」（NBL）などがある。

渡邉 光誠（わたなべ こうせい）

東京富士法律事務所　パートナー弁護士

【担当】第3章

東京大学法学部卒。ハーバード・ロースクール法学修士。第二東京弁護士会倒産法研究会副代表幹事。

主な著書として、『最新 アメリカ倒産法の実務』（商事法務）、『民事再生手続と監督委員』（共著、商事法務）、『事業再生におけるスポンサー選定のあり方』（共著、商事法務）などがある。

釘澤 知雄（くぎさわ ともお）

東京富士法律事務所　パートナー弁護士

【担当】EXTRA

中央大学法学部卒。元大宮法科大学院大学教授。中央大学法科大学院客員教授。元司法試験考査委員（民法担当）。

主な著書・論文として、『買戻』（現代民事裁判の課題①・新日本法規）、『平成9年会社法改正』（共著、新日本法規）、『Q&A 改正 担保・執行法の要点』（共著、新日本法規）、『先天性風疹症候群』（民事弁護と裁判実務6 損害賠償Ⅱ、ぎょうせい）、『中絶（出生前・着床前診断）』（実務医事法講義新編第2版、民事法研究会）などがある。

古里 健治（ふるさと けんじ）

　東京富士法律事務所　パートナー弁護士

　【担当】第 5 章

　東京大学法学部卒。日本大学法務研究科教授（倒産法等担当）。第二東京弁護士会倒産法研究会副代表幹事。プレス工業株式会社社外取締役（監査等委員）。

　主な著書として、『会社法による中小企業のリストラクチュアリング』（共著、三協法規出版）、『民事再生 QA500 プラス 300』（共著、信山社）、『倒産法改正への 30 講』（共著、民事法研究会）、『倒産と担保・保証（第 2 版）』（共著、商事法務）、『倒産法改正 150 の検討課題』（共著、きんざい）、『注釈破産法　下』（共著、きんざい）、『説明義務の理論と実際』（共著、新日本法規）、『経営権争奪紛争の法律と実務 Q&A』（共著、日本加除出版）、『保証契約の法律と実務 Q&A』（共著、日本加除出版）、『債権回収あの手この手 Q&A』（共著、日本加除出版）などがある。

権田 修一（ごんだ しゅういち）

　東京富士法律事務所　パートナー弁護士

　【担当】編集／第 2 章

　早稲田大学社会科学部卒。株式会社山田債権回収管理総合事務所　取締役弁護士。第二東京弁護士会倒産法研究会副代表幹事。

　主な著書として、『債権回収基本のき　第 5 版』（商事法務）、『中小企業再生の実務』（共著、日本評論社）、『新版　税理士・会計士のための顧問先アドバイスノート　企業法務編』（共著、清文社）、『監査役の社会的使命と法的責任』（共著、清文社）などがある。

足立 学（あだち まなぶ）

　東京富士法律事務所　パートナー弁護士

　【担当】第 4 章

　早稲田大学法学部卒。第二東京弁護士会倒産法研究会副代表幹事。

　主な著書として、『実務解説会社法 Q＆A』（共著、ぎょうせい）、『コンパクト 倒産・再生再編六法』（共著、民事法研究会）、『私的整理の実務 Q＆A100 問』（共著、きんざい）、『会社更生の実務 Q＆A120 問』（共著、きんざい）、『事業再生 ADR のすべて』（共著、商事法務）、『JA バンク法務対策 200 講』（共著、きんざい）などがある。

廣瀬 正剛（ひろせ まさたけ）

東京富士法律事務所　パートナー弁護士

【担当】第7章

日本大学法学部卒、日本大学法科大学院卒。第二東京弁護士会倒産法研究会副代表幹事。

主な著書として、『私的整理の実務 Q & A100 問』（共著、きんざい）、『ゴルフ場の事業再生』（共著、商事法務）、『倒産法改正への 30 講』（共著、民事法研究会）などがある。

山田 祥恵（やまだ さちえ）

東京富士法律事務所所属弁護士

【担当】第6章

学習院大学法学部卒、日本大学法科大学院卒。カルフォルニア大学バークレー校在籍（客員研究員）。第二東京弁護士会倒産法研究会副代表幹事。第二東京弁護士会労働問題検討委員会委員。

主な著書として、『KAMEDA ER マニュアル』（共著、診断と治療社）、『リハビリテーションリスク管理ハンドブック（共著、メジカルビュー社）』『倒産と担保・保証（第2版）』（共著、商事法務）などがある。

野中 英匡（のなか ひでまさ）

東京富士法律事務所パートナー弁護士

【担当】編集／第1章

中央大学法学部卒、日本大学法科大学院卒。第二東京弁護士会倒産法研究会副代表幹事。

主な著書として、『倒産法改正への 30 講』（共著、民事法研究会）、『倒産と担保・保証（第2版）』（共著、商事法務）、『倒産法改正 150 の検討課題』（共著、きんざい）、『注釈破産法』（共著、きんざい）、『破産手続書式集（新版）』（共著、慈学社）などがある。

倒産法からみる 経営危機における企業判断と実務対応

2022年4月15日　発行

監修者　　須藤　英章

編著者　　東京富士法律事務所　Ⓒ

発行者　　小泉　定裕

発行所　　株式会社　清文社　　東京都文京区小石川1丁目3-25（小石川大国ビル）
　　　　　　　　　　　　　　　〒112-0002　電話03（4332）1375　FAX03（4332）1376
　　　　　　　　　　　　　　　大阪市北区天神橋2丁目北2-6（大和南森町ビル）
　　　　　　　　　　　　　　　〒530-0041　電話06（6135）4050　FAX06（6135）4059
　　　　　　　　　　　　　　　URL https://www.skattsei.co.jp/

印刷：藤原印刷㈱

ISBN978-4-433-74982-8